白球フロンティア

北海道別海高校
甲子園への物語

カバー写真／宮下正寛

文中の敬称は略します。
登場人物の肩書きや学年などは
文中の年次のものです。

北海道新聞社提供／撮影 桜田文宏

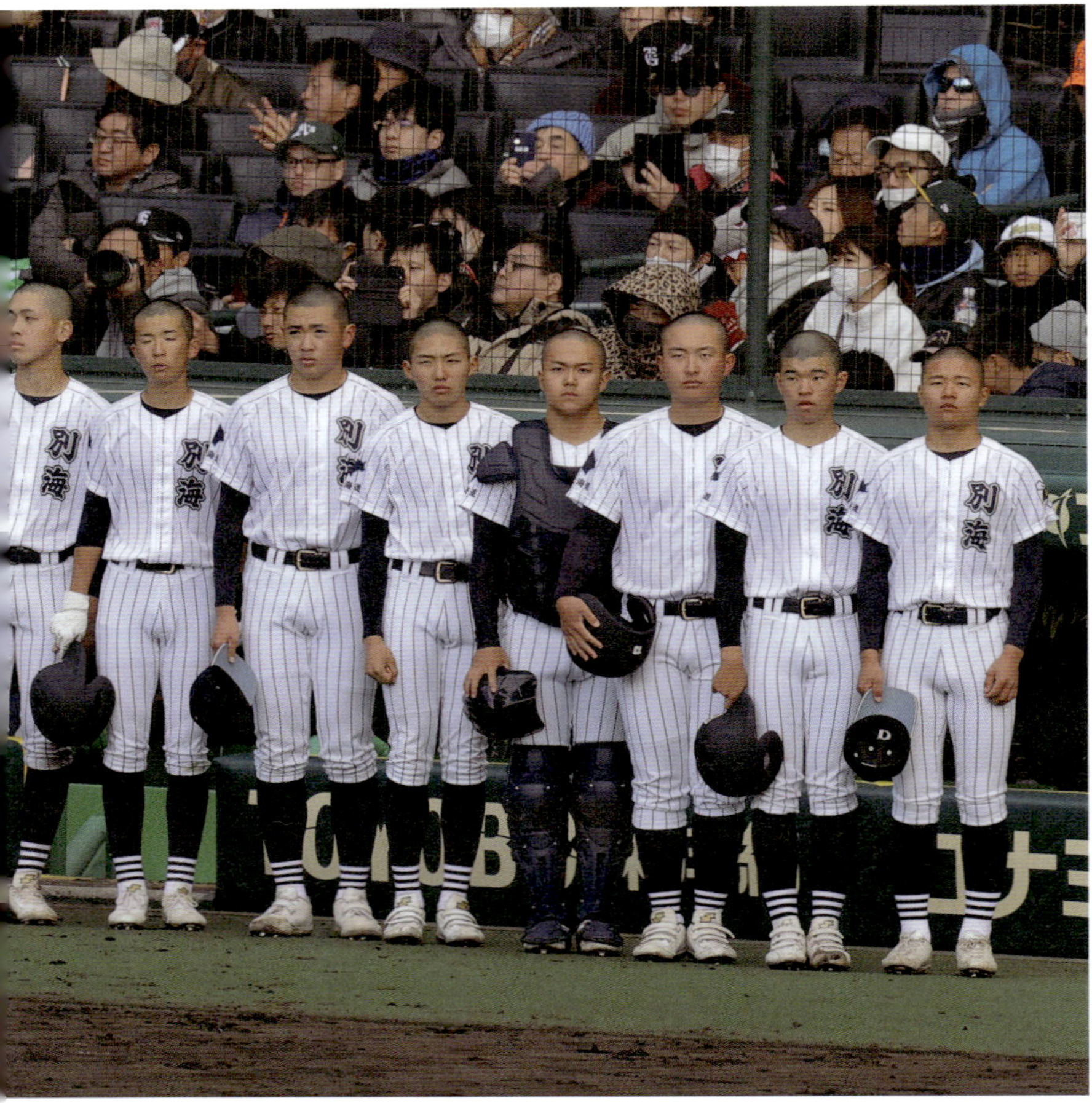
別海

北海道新聞社提供／撮影 小松 巧

北海道新聞社提供／撮影 桜田文宏

白球フロンティア

プロローグ

はじまりの春

エゾシカもまだ眠りについている。

別海町が本格的に動き出す前から、島影隆啓の1日は始まる。その日、起床時間の3時の気温はマイナス2・9度だった。窓から外を除けば、あたりがまだ暗闇に包まれているとはいえかなりの積雪であることがわかる。

2024年1月26日。

島影はいつもと同じように、車を5分ほど走らせた場所にあるセイコーマートしまかげ中春別店へと向かう。父親の和夫がフランチャイズ店のオーナーを務めるコンビニエンスストアで副店長を任される息子が、3時半前に店舗に到着すると鍵を開け、新鮮な空気を店内に送り込む。そこから6時のオープンまでの2時間半の間、できたての総菜を提供するセイコーマートの看板メニュー「ホットシェフ」の調理に取り掛かる。4キロから5キロの米を炊き、50個以上のおにぎりやかつ丼などの弁当、唐揚げやフライドポテトといった揚げ物も作る。

変わらないはずの日常。普段ならば淡々と業務を進められるはずなのに、この日ばかりはどうも調子が狂う。というより、仕事に集中できていない自分がはっきりわかった。

「前の日まではそんなことはなく、本当にいつも通り過ごしていたんですけどね。当日の朝になったらもう、今まで感じたことのないドキドキ感といいますか。ホットシェフを作っている最中なんかもおにぎりの具材を間違えないように気を付けていました。なんか、ずっとそわそわしていましたね」

仕事を終え8時前に店舗を出てからも、島影は落ち着かなかった。自宅でまだ幼い子供の世話をしながら、商品の発注などの在宅ワークをしていても気がかりで仕方がない。

運命の時間が刻一刻と迫る度に、胸の鼓動が高鳴っていく。島影は平静を取り戻すため自分に何度も言い聞かせる。

「なんとかなるだろ。ダメならダメで、まだ甲子園と縁がなかっただけなんだから」

ちょうど3か月前の23年10月。島影はもうひとつの「顔」で旋風を起こしていた。

島影が監督を務める別海高等学校は、秋季北海道大会の初戦となる苫小牧中央戦で、キャプテンの中道航太郎によるサヨナラホームランという劇的な幕切れによって、同校にとって初めてとなる大会初勝利を収めた。勢いに乗ったチームは、知内高等学校との準々決勝でもノーアウトランナー一、二塁から始まる「タイブレーク」に突入した延長10回に、再び中道が決勝打を放って激闘を制したのである。準決勝では甲子園出場54回を誇る強豪の北海高等学校に敗れはしたものの、世間からはその快進撃を称えられ、メディアでも大々的に取り上げられていた。別海町唯一の高校にして公立校。野球部の部員数はマネージャーを入れても19人しかいない。そんなチームが北海道大会で2勝を挙げたことによって、初めての甲子園出場が現実味を帯び始めてきたのである。

北海道の場合、毎年3月開幕の「春のセンバツ」と呼ばれる選抜高等学校野球大会に出場するためには北海道大会での優勝が必須条件となる。しかしそれは、あくまでも「一般選考枠」に限った話であり、選抜には文武両道や地域性など特色ある高校が選出される「21世紀枠」という制度がある。24年は2校が選ばれることになっていた。つまり別海は、負けたとはいえ甲子園出場の可能性を残して秋の戦いを終えたわけである。

「これから引き締めていこうね」

別海野球部に野球道具を卸す釧路のスポーツ店、スポーツビーイングで店長を任されている伊藤昌幸は、北海との試合が終わり球場から出てきた島影にそう告げた。

「いやいやぁ。まあ、頑張ります」

言葉では謙遜していても、島影の眼はぎらついていた。20年近い付き合いだ。その表情を見れば「監督は本気で甲子園に行くつもりだ」とすぐにわかった。

初めて島影と会ったときから「この男は勝負師だ」と、伊藤の直感がそう訴えかけた。

先の北海道大会で別海を倒した北海の野球部出身。１９９2年夏の甲子園にレギュラーとして出場するなど野球の経歴は明るいが、自らの実績を自慢げに話すことはない。そんな控え目な伊藤が島影と初めて出会ったのが06年のことだった。当時、担当していた武修館高等学校に島影がコーチとして赴任してきてから、ふたりの関係は始まった。

08年に島影が監督となると、野球人としての人格がより鮮明に映し出されてくる。

「自分の野球観を前面に出す方で、なかなか曲げない。要は頑固なんですね。いくら僕が経験者だといっても、『こうしたらどう？』と言い過ぎると嫌な顔をされたりするんで、どうしても伝えたいことがあったら遠回しに言ったり。でも、本当に野球が好きな方ですし、僕の考えと合致することも多くて。そういうところで、たくさん話をさせてもらうようになりました」

頑固とは強い信念の裏付けでもある。島影と会話を重ねるたびに伊藤は共感を抱くようになっていた。「チームを強くしたい」という熱量だけでなく、選手をはじめとする他者に自分の想いを伝えようとする必死さ。野球だけでなく、人を束ねていくことの重要性を大事にしていることが、なにより伊藤の心を打った。

「伊藤さんじゃないとお付き合いしません」

武修館がそれまで契約していた業者に替わってスポーツビーイングが道具のすべてを担当させてもらえるようになった。それは、監督である島影の意向だった。その心意気がなにより嬉しかったし、だからこそ伊藤も「この男のためなら、なんでもしてあげたい」と心底思えたのだという。

　頑固なまでに信念を貫く男。島影はこの頃から「甲子園」を掲げていた。

「10年で甲子園に出場する」

　別海の監督就任時に声高に宣言する。

　当時の部員たちは鳩が豆鉄砲を食ったようにきょとんとしていたし、この大言壮語を伝え聞いた教師が野球部員を前にして首を傾げながら嘲笑していたことも知っている。

「なに考えてんの？　野球部は。人数だってまともにいないし、北海道大会にも行ったことがないようなチームが甲子園に出られるわけないだろ」

　この手の反発は当然、島影にも向けられた。

「甲子園なんて、夢を見過ぎだ」

「現実を見ろ」

　否定的な意見に対しての島影は、倍返しとばかりに反抗的にやり返した。

「ふざけんなよ！　人にものを教える立場の人間が、子供たちに対して『絶対に無理』とか口にしちゃダメだろ！」

　監督に就任した当初の別海は、確かに「弱小」の部類に属するようなチームだった。１９７８年に野球部が創部してから、予選を勝ち抜くと出場できる「全道大会」と呼ばれる春と秋の北海道大会、そして夏の北北海道大会の大舞台には２０００年の秋に1回出たのみである。毎年のように予選で姿を消しているチームに「甲子園」と勇んだところで、耳を傾けてくれる人など別海町では皆無に等しかった。

だが、島影にはそう言い切れるだけの根拠があった。別海のような弱小からスタートし、甲子園どころか全国制覇を成し遂げたチームが北海道にあったからだ。

駒澤大学附属苫小牧高等学校。今では誰もが知る強豪校である。

１９９５年、甲子園初出場の66年を最後に全国から遠ざかっていたチームの再建を託され監督となった香田誉士史は、予選の突破もままならない段階から「全国制覇」を旗印に選手を地道に鍛え上げた。そして、01年夏に45年ぶりとなる甲子園出場を果たすと、04年夏に北海道勢初となる全国制覇の大願を成就させたのである。さらに翌年の夏には57年ぶりとなる甲子園連覇を成し遂げ、06年夏にも決勝まで進出。３連覇こそ逃したが田中将大と早稲田実業学校の斎藤佑樹の両エースの投げ合いによる、延長15回引き分け再試合となった頂上決戦は、高校野球史に残る激戦として今も語り継がれているほどだ。

駒大苫小牧の成り上がりを目の当たりにした島影は、可能性に蓋をすることを嫌う。

「ものすごいことを駒大苫小牧さんがやられたのはわかっています。でも、香田さんだって最初から強いチームを鍛え上げたわけじゃないじゃないですか。弱いところから地道に指導されて、あの駒大苫小牧を築き上げられたと思うんですね。だから、どんな環境だって絶対無理なことはないんだと、僕は思ってるんですよ」

香田と自分の歩みをシンクロさせるつもりはない。ただ、苦難の日々だった。

早朝からセイコーマートで働き、15時過ぎには別海のグラウンドに向かい選手たちと汗を流す。19時に練習が終わると再びセイコーマートへ戻って残務をこなし、21時前に家路に就く。就寝時間が22時だとしても、5時間程度しか寝られない。シーズン中は休日に練習試合が組まれることが多いため基本的に休みがない。島影は「まあ、慣れです、慣れ」とおおらかに言ってのけるが、二足の草鞋を履く生活で支払った代償は少なくなかった。

あえて「一番」を挙げるのならば家族だ。

妻の真季子には子育てをはじめ苦労をかけているし、中学生の長女と小学生の長男、1歳になる次男と、3人の子供と過ごす時間だって多いとは誇れない。そんな生活が続いて8年目。ようやく「絶対に無理」を打ち破るチャンスを得ることができた。だから島影は、悲願達成の瞬間を家族と見届けようと決めていた。

「本当は学校の体育館に行って、選手たちと発表に立ち会わなきゃいけなかったんですけど、やっぱり家族には迷惑をかけましたんで。だから、学校にはわがままを聞いていただきました」

選抜出場の発表が間近に迫ると、砂田純平は改めて自身が野球部の責任教師である部長を務める別海が、世間から大きな注目を浴びているのだと他人事のように感心していた。

取材を対応する会見場など1月26日当日の概要は、日本高等学校野球連盟とともに選抜を主催する毎日新聞社を通して主要メディアに通達されるが、地元の地域紙である釧路新聞や出版社、ウェブメディアなどはその管轄外であり、個別の問い合わせが殺到した。前日にはざっと見積もっても約20社40人ものメディアが取材に訪れることとなる。

北海のように選抜出場が「当確」ならばまだしも、別海は9校ある21世紀枠候補のひとつでしかなく選ばれる保証などどこにもない。当初の予測を大幅に上回る事態となったことはそれだけ世間の関心が高いことの証左なのだろうが、野球部の部長として普段から取材対応には慣れているはずの砂田はこのとき、困惑というより興味深さを感じていた。

「北海道だけじゃないですからね。東京とか大阪からもたくさん申請がありましたから『メディアって、こんなに来るんだ』と」

当初は選抜の発表は体育館で行い、記者会見は場所を移して会議室などで開く予定だった。それが、メディアが大挙して押し寄せてくるとわかった時点で、砂田はバスケットボール部など屋内競技の部活動の顧問に頭を下げ、26日だけ練習をオフにしてもらうよう交渉し、了承を得た。そのことで発表から会見まで通しで体育館を使用できるようこぎつけたのである。

運命の日。

スポーツビーイングの伊藤は、別海野球部の冬場の練習場所のひとつとなるコミュニティセンターにトレーニング器具を納入してから別海高校へ向かった。島影には事前に「メーカーさんと一緒に学校の駐車場で発表を聞いてるから」と伝えており、相手からも体育館にはいかず家族と発表を見守ることになるだろうとは聞かされていた。

それがまさか、自家用車の中で、とは思わなかった。

「僕たちは発表の少し前に到着して、学校の来客用駐車スペースに車を停めていたんです。そうしたら、監督の車が駐車場の奥のほうに入っていくのが見えて。『車の中で見るんだ』と」

普段は着ることの少ないスーツ姿の島影は、車内のモニターでインターネット中継される選抜発表をじっと見つめていた。セイコーマートでホットシェフを作っていた間はそわそわしていたが、このときにはすでに覚悟を固め、15時30分から始まるその瞬間を待っていた。

ほ――。

生徒や教員、保護者たちが見守るなかフライング気味にガッツポーズをしたキャプテンの中道と以心伝心したかのように、離れた場所にいた島影も「ほ」にすぐさま反応していた。

「北海道地区の別海高校」

選抜の選考委員が21世紀枠での出場校として別海の名を読み上げる前に、島影は狭い車内で拳を振り上げ、「よっしゃ！」と雄叫びを上げていた。

「これから記者会見があるんだから、まだ泣いちゃだめだよ」

歓喜のあとを追うように感動がこみ上げてきた島影が、真季子になだめられる。

「わかった！」

涙腺を引き締めて威勢よく声を張り、島影は車から降りた。

深い雪を踏みしめる。体育館にいる選手や保護者、教師たちに勇ましい監督の姿を見せようと、島影が歩み出す。すると、目の前には見慣れた顔があった。いや、よく知る顔ではあるが、いつもの表情ではないと、すぐに気づいた。

そこには、これでもかというくらい、顔を歪ませながら泣きじゃくっている伊藤がいた。

「大号泣してる伊藤さんがいたんですよ。もう、ダメでしたね」

言葉はなかった。大の大人が涙の抱擁を交わす。ふたりは少しの間、雌伏を噛みしめていた。

伊藤があの瞬間をしみじみと編む。

「武修館にいた頃からいろんな苦労をしてきた監督を知っていましたから。『絶対に甲子園に行くんだ！』と、別海の監督になってからも人が少ないところからスタートして、全道大会に行けるまでのチームに成長させて。そういうところまでずっと見てきたから」

別海町出身の作家、河﨑秋子が『ともぐい』で第170回直木賞を受賞してから9日後のこの日、別海町がはじめて野球で沸いた。

ウィンタースポーツが盛んな北海道において、別海町が世界に誇れる〝特産〟がスケートだ。22年開催の北京冬季オリンピックのスピードスケート男子500メートルで銅メダルを獲得した森重航をはじめ新濱立也、郷亜里砂と1大会で3選手も送り出していた。

かたや野球は、1年中グラウンドが使用できない雪国は不利と言われている。そういったハンデを乗り越えての甲子園出場も、町にとっては誇らしかった。

1月27日。歓喜と涙に暮れた1日が終わり、島影はいつものように早朝からセイコーマートでもうひとつの仕事に励む。ホットシェフを調理し、開店前に続々と入荷する商品を棚に陳列する。そして、事前に「少し多めに」と発注をしていた新聞各紙が、おそらくはセイコーマート本部の計らいによって通常より倍以上の部数が届いた。

「別海」の文字が躍る一面を並べながら、「本当に、甲子園に出られるんだな」と喜びと感動が島影もとへ再訪する。

そのメディアでは、一斉に別海の特色を報じていた。

90年夏に出場した中標津高等学校のある中標津町の東経は144度58分。別海町は東経145度7分に位置するため、別海が「日本最東端」からの甲子園出場となること。町の人口約1万4000人のおよそ8倍にのぼる約11万頭もの乳牛を飼育し、年間50万トンの生乳を人々へ提供していることもクローズアップされた。

「日本一の酪農の町」から甲子園へ。

このキャッチフレーズは、瞬く間に全国へと広まった。

白球フロンティア

第1章

「開拓の地と未開拓の野球部」

「奇跡の産業」の歴史

『銀の匙　Ｓｉｌｖｅｒ Ｓｐｏｏｎ』という漫画がある。

親に敷かれたレールから逃れるように、それまで無縁だった農業専門の高校へと進学した主人公が、畑作や酪農など一次産業の奥深さ、生き物との共存、多くの尊い命によって人間は生かされているのだと見識を深め、人としての成長をリアルに描いた物語である。

大人気漫画『鋼の錬金術師』の作者としても知られる荒川弘による作品で、１巻あたり10万部売れればヒットと言われるなか、単行本全15巻の累計発行部数が１７００万部以上を記録。２０１４年にはタレントの中島健人主演で映画化もされた。

銀の匙がこれほどまでの人気作となった背景には、実家が専業農家の荒川自身が、漫画家になるまで農業に従事していた実体験や綿密な取材が描写されているところにある。つまり、この作品のリアリズムが多くの読者の心を打ったわけだ。

帯広農業高等学校の教員時代に銀の匙の監修に携わり、劇場版でも酪農指導を担当していたのが、現在、別海高校で校長を務める織井恒である。

織井も銀の匙の主人公・八軒勇吾と同じように、農業未経験者からこの世界に魅せられ、生涯の職業として選んだ男である。

東京都渋谷区生まれ。農業の「の」の字すら交じり合うことのない大都会で育った織井は、大学受験で志望校に合格できず、本人いわく「あまり勉強せずに入れる」と興味本位で酪農学園大学に入学したのが農業との出会いだった。

実家はサラリーマン家庭。当然のように牛など生で見たこともないような環境が当たり前だった織井は、軽いノリで携わることとなった酪農に瞬く間に魅了された。

「奇跡に惹かれたんです」

織井が酪農へのロマンを熱弁する。

「我々の業界で酪農は『奇跡の産業』と呼ばれているんです。牛から排出される糞尿は肥料のもととなる堆肥となり、やがて牛の餌となる牧草になるわけです。そして、成長した牛から搾乳するといったように循環しているんです。食肉の場合は穀物などを無理矢理食べさせ、最終的には命を頂戴するわけですから搾取農業になる。その反面、酪農は牛と人間が共存できる構造が確立されている素晴らしい産業なんです」

大学時代の恩師から「農業高校の教師になれ」と勧められた織井は教えを守り、帯広農時代をはじめ、それこそ銀の匙のような「24時間農業」の日々を過ごしたという。

毎朝5時には学校へ行き牛の搾乳をする。一旦、家に帰って朝食をとってから出勤して教師としての業務をこなす。そして放課後には実習を受け持ち、終業後も牛が出産するとなれば夜中の分娩を立ち会うこともあった。教師としての頭脳労働に加え農業という肉体労働もこなさなければならず、織井自身「平教員の時代は休んだ記憶がない」と豪語するほどである。

織井は帯広農を離任後、別海で教頭として赴任した経歴がある。そして昨年、校長として再び別海町に戻ってきたわけだが、「日本一の酪農の町」と呼ばれるこの土地の酪農家の気質についてこのように見ている。

「別海町の農家さんは特に真面目です。一つひとつの作業に対してきめ細かいというかね。農業は忍耐力がいるんです。毎日、同じ作業の繰り返しですけど、生き物を相手にするわけですから何が起こるかわからないし、天候にだって左右されます。そういった環境を理解した上で、自分の思い通りにしようとガツガツせず、根気強く仕事をなさっていると思います」

そう言って頭を下げる織井は、別海町の特異性についてこう結ぶ。

「ここは機械によって日本で初めて開拓された場所なんです。近代的な酪農の先進地という意味でも、業界にとっては特別な場所なんです」

別海町によると「別海」の起源は、町を流れる最大河川西別川の河口が「折れ曲がっている」様子が、アイヌ語で「ペッ・カイェ」となることから名づけられたという。正式には「べツカイ」だが、なかには「べッカイ」と呼ぶ者もおり、地元住民からすれば「どっちでもいい」と鷹揚なスタンスを取っている。

その町の農業のはじまりは江戸時代まで遡る。

１８５７年に加賀伝蔵が野付半島ではじめて農耕を試みたと伝承されているが、本格的に農地として人々に解放されたのは明治に入ってからである。国の政策の一環として本州からの移民を推進するなかで、酪農を試みる農家も現れてきたのだという。

別海町には「群馬班」や「香川班」といったように、各地域ではこういった名の集落が自然と区分されているのだそうだ。呼称からもわかるだろうが、要するに「群馬県から人が移住してきた」わけである。開拓民の歴史は、今もこのような形でも息づいている。

そして、酪農にとって大きな転換期となったのが戦後である。業種の振興と恒久的な安定を図るため、1954年に政府が酪農振興法を施行。これにより、家畜やトラクターといった農機具の導入資金の補助が積極的に行われるようになった。そして、翌55年に実施された根釧パイロットファームの建設では、世界銀行（国際復興開発銀行）の融資を受けて酪農地域が拡大されていく。機械による開墾、土地の改良。入植とともに住宅や畜舎の建築も迅速に進むなど、別海町の酪農の基盤が形成されていった。

先人たちが切り拓いた地は、こうして「日本一の酪農の町」へと発展を遂げた。

エゾシカとネズミ。酪農家の格闘の日々

別海町の市街地から西側に伸びる国道243号線、通称「パイロット国道」は、雄大な大地である北海道を象徴するような1本道である。車を走らせながら視界を広げれば道路の両側に

は牧草地帯が広がり、土地を管理する牧場が点在する。

「シカには気を付けて」

来訪者は地元民から決まってそう警告される。愛くるしいつぶらな瞳。すらりと伸びた脚にさっそうと駆け出す姿。北海道外の人間からすれば好奇心の対象であるエゾシカも、現地の人間からすれば天敵でしかない。運転中に少しでも油断をしていると、道路わきに生い茂る森林地帯からパッと飛び出してくる。少しでもスピードを出していればエゾシカを轢きかねないし、数十メートル先から視認していたとしてもノロノロ運転に近い速度で徐行しながら避けないと、車体に突進してくることもあるのだという。

酪農家にとってこれらは、まだ許容できるレベルの話だ。最も彼らを苦しめるのは、エゾシカが牧草を好物としていることだ。乳牛の主食であるそれを食い荒らされるとなれば商売にも影響を及ぼしてしまうからである。

「牛が食う前に一番おいしいところを持っていかれちゃうから。それによって牧草の収穫量も変わってくるし、シカの被害はすごいですよ」

呆れたように苦笑するのは、千田牧場の3代目・千田和幸だ。別海野球部の3年生でセカンドのレギュラーである千田涼太の父である。

同牧場の敷地は約80ヘクタール。一般的な指標に用いられる東京ドームの面積で換算すれば、17個分に相当する。それだけの広さを管理するため、どうしてもエゾシカを追い払うのには限界が生じる。身軽なシカでも飛び越えられないほどのネットや電気ショックを与える柵を設置して対策する方法もあるが、それだとかなりの出費を強いられるため千田を含めた酪農家のほとんどが半ば野放し状態にしてしまっているそうだ。

酪農家にとって命の源とも言える牧草の仕込みは、概ね4月の下旬あたりから始まる。冬の間に専用のタンクに溜め込んでいた牛の糞尿を、肥料として牧草地帯に撒き散らす。別海野球部で千田とチームメイトでもある3年生の林伸悟の父であり林牧場の3代目でもある徳人が、ユニークな表現を用いて説明する。

「別海町は雪が積もる冬の間は肥料を蒔いてはいけない決まりがあるんで、春になったら一気に蒔くんですね。その時期がどの農家さんも同じなんで、4月終わりごろの別海町では個性的な匂いが漂っていますよ」

そして、5月のゴールデンウィークが終わる頃の別海町は、緑豊かな土地へと装いを変化させる。伸びたての牧草はエゾシカにとっては絶好の食物となり、待ってましたとばかりに50、60頭が集団となって食い荒らしにやってくるのだという。酪農家にとって大打撃ではあるが、牧草が成熟する6月までは我慢しなければならないのだそうだ。

収穫時期はこの6月と8月の年2回。「1番」と呼ばれる6月は梅雨時期と重なるため刈り時の見極めが重要だ。雨にさらされたり、収穫時期が少しでも遅れたりすれば牧草の品質が低下し、生乳の量や牛の繁殖にも影響が出てしまうのだという。そのため、酪農家は頃合いを見計らって10日前後の間にトラクターで一気に牧草を刈っていく。その場で1日から2日間、天日干しをして乾燥させてから、ロールベーラという機械で収穫し、バウムクーヘンのようなロール状にしてから黒や白、青などのビニールでラッピングする。車で牧場を通り過ぎると必ず目にするそれである。1個あたりおよそ1トン。千田牧場ならば、それを「1番」の6月と「2番」の8月で1000個ほど作り置きしておくという。そのほか、牧草を刻んで台地のような形状に積み重ね、シートを被せて保存しておく牧場もある。

動物との戦いはエゾシカだけではない。ネズミも酪農家にとっては厄介な敵なのだという。ネズミはなんでも食い散らかす。牛の餌はもちろんのこと、農機具の配線までも齧ってしまうため、故障の大きな原因となっている。千田牧場と林牧場もそうだが、酪農家の多くがネズミ駆除のため野良猫をほぼ飼育に近い形で牛舎に住まわせているのだという。林が言う。

「うちは3、4匹ですけど、多い農家さんだと20匹くらいいたりしますからね。基本は野良なんで居ついたり、いつの間にかいなくなったりするんで飼ってるって感覚はないですね。たまに子供を産んだりするんで、そうしたら欲しいと言うご近所さんにあげたりしています」

多くは「牛の乳から牛乳を搾る」イメージの強い酪農家ではあるが、上質な牛乳を提供するために、少なくとも日々これだけ裏で格闘しているのである。

命と向き合う牛の搾乳

酪農家の戦いの証、別海町の牛乳。初めて口にすると、ほかとの違いがすぐにわかる。牛乳が舌に触れた瞬間、脳が濃厚な味わいをインプットする。それでいてくどさがなく、むしろまろやかな印象のまま喉を優しく通過する。決して大げさではなく、「いくらでも飲める」と思わせるような逸品である。

人々はその恵みに感謝するわけだが、牛乳を提供する一次産業の従事者たる酪農家たちは、常に命と向き合っている。

全国の乳牛がそうであるように、別海町の牛も人工授精によって生命を宿すケースがほとんどである。雄が生まれれば食肉用として育てる業者に売却するが、雌であれば酪農家が〝こっこ〟と呼ぶ哺育期から2年をかけて搾乳ができる親牛へと育て上げる。

搾乳は1日に2回。早朝と夕方に行われる。近年は回転率を上げるために人間の手を借りずとも自動で搾乳できる機械を導入する農家もあり、3回、4回と回数を増やしているという。

1日に複数回、搾乳することは乳房炎の予防にもなっている。予兆は様々だが、普段より牛の食欲が落ちてきたり、前搾りの段階で粒のような塊が出てきたり。そういった際には検査薬で調べて乳房炎かどうか確かめる。発症していれば専用の薬で治療をするが、なかには厄介な菌に感染して治らないこともあるのだという。牛の乳房は4本あるため、仮に1本を失ったとしても3本あれば大ダメージまでとはいかない。しかし、それが2本となると別だ。単純に搾乳効率が半減してしまうため廃用牛――つまり、食肉用として回されたり、ドッグフードなど動物の餌として転換されたり、あるいは獣医の検体用として提供されることもあるそうだ。

1頭、1頭と向き合いながら搾乳する親牛が70から80頭ほどいる千田牧場と林牧場で1日あたり2000リットルとなる。これを農協のタンクローリーが2日に1回、回収にやってくるのだという。

「朝晩で1頭あたり30リットルとかになるのかな。出るところは40キロとか出るんだろうけど、高い材料をブレンドしたいい餌を与えないとそこまでにはならないから」

そう言った千田が「まあ、うちは自前の餌で大丈夫だから」と笑う。餌だけではない。現実問題として農業はとにかくお金がかかる。千田に同調するように林も頷く。

「機械もそうですよ。大事に使っていたとしても必ずどこか痛んできますし。うちなんか去年は修理代だけで120万くらいかかりましたからね。かといって簡単に新品を買うわけにもいかないし。牧草を収穫する機械で言えば、3年前くらいまで1200万円だったものが、2000万円くらいまで跳ね上がってますからね」

この10年間、生乳の生産量が横ばいなのに対し、生乳生産者の戸数は少しずつ減少している。別海町の資料によると、1835戸あった1960年をピークとすれば2022年に58

5戸と3分の1以下にまで減っている。その原因として挙げられているのが農業従事者の高齢化で、最も多い世代が40代から50代。当然のように20代が最も少ない。「日本一の酪農の町」といえど、後継者不足や若者の「農業離れ」は避けては通れない問題としてあるわけだ。

「好きだから、酪農を継ぎたい」

目の前に立ちはだかる危機は別海町に限った話ではない。隣接する中標津町で影山牧場を切り盛りする影山健一は、「びっくりするくらい減ってきている」と現状を明かす。

「これは中標津や別海だけじゃなくて、全国的に言えることだから嘆いても仕方がないことで。酪農だけじゃなくて畑作もひどいしね。『後継者がいない』とか『儲からない』とかあるだろうけど、本当に離農する家が増えた。うちが知っているところだけでも、30年前から半分は減っているんじゃないかな。それくらい大変だってことなんでしょうね」

厳しい現実はある。だが、ゼロではない。酪農家たちが繋いできた命のバトンを受け継ぐ若者はいる。健一のひとり息子である航大がそうだ。千田と林の息子と同世代であり、野球部で唯一、専門学科の酪農経営科で学んでいる。

「将来的に家を継ぎたいんで。それだったら、高校から専門的な知識を学んだほうが絶対に役立つと思って」

牛舎で仔牛と一緒に寝るくらい、牛が好きな少年だった。

一度、餌を口にしてから戻す反芻という行為が気になり観察を始めると、牛によってその回数が違うことがわかった。その際に表れる胃の収縮が子供心に面白く、ますます興味を深めていった。以前にも増して細かく観察していくと牛によって性格が違い、人間と同じように遺伝していくことも知った。

「牛って基本、ビビりなんで。警戒心が強い動物で、知らない人が近づいてくると逃げたりするんです。でも、毎日見ている人だとなついてくれるんですよね」

嬉々として牛への愛情を語る航大も、高校生ながら酪農家の後継者不足に対する危機感はある。自分と同じく実家が酪農家で、地元を離れたまま戻ってこない人を見てきている。

減るものを注視するのではなく、残るもの、増えるものにこそ着目する——そう言わんばかりに、航大が口を開く。

「将来的に酪農家が高齢化していって、おじいちゃん、おばあちゃんしか残らないことを考えると、最近は産業として成り立っていけるのかとか考えるようになって。でも、今も大人の人たちが農協とかと連携していろんな活動をしてくれているし、先輩とか若い人も少ないですけど戻ってきてくれているんで。自分としてはできるところまで野球を頑張りたいですけど、好きな酪農をなくさないためにも親の仕事を継ぎたいっていう気持ちだけは変わらないですね」

航大が学ぶ別海には酪農経営科はあるものの、帯広農のように牛がいて、牛舎など飼育する環境が整っているわけではない。校長の織井も地域の酪農家と連携して実習を増やすなど対策を講じているというが、重要なことはもっと根本的なことなのだと力説する。

「酪農が『いかに素晴らしい産業か』ということを生徒たちに伝えるのが、僕たちの仕事だと思っています。酪農を継ぎたいと考えている生徒はもちろん、興味がある生徒にも『苦しいことばかりに目を向けるんじゃなくて、もっと魅力を知ろう』と。確かに農業は厳しい状況にあります。それは、メディアが『大変だ』としか報じないこともひとつの原因ではないかと思っているんです。だから、若い人にこそ訴えたいですね。農業は面白いと」

銀の匙が若者を中心に市民権を得たように、農業はまったく関心がもたれない産業ではない。むしろ、多くを発信することで魅力を理解する者だって出てくるはずだ。

命の尊さ。自分たちは生かされているのだと知り、1日、1日を大切にする。生き物から得る学びは、必ずやその人が本来持つ活力や情熱を呼び覚ましてくれるはずである。

奇跡の産業を根付かせた町。

彼らはそのことを知っている。

義務教育学校の教員は別海野球部OB

航大が牛に興味を抱き、父親の仕事が「かっこいい」と、酪農家への道を志すようになっていた頃、地元である養老牛地区にある養老牛小学校が近隣の市街地にある計根別小学校と統合され、航大はここに入学した。養老牛小学校のように少子化などによって単体での運営が厳しくなった小中学校が統合し、航大が3年生の15年に「小中一貫」の計根別学園が誕生。その翌年には、文部科学省が学校教育の多様性などを推進するとして、この小中一貫の教育を義務教育学校として制度化したことで、計根別学園もその道を歩むこととなった。24年現在、北海道では国公立で26校とその数を増やしている。

計根別学園には、いわゆる「小学校」「中学校」の概念がない。

小学6年間を「前期課程」、中学3年間を「後期課程」としており、1年生から4年生までが「小等部」、5年生から7年生を「中等部」、8年生と9年生を「高等部」と細分化して教育カリキュラムを策定している。義務教育学校とひとくくりに表現されているとはいっても当然のように学校によって特色があり、計根別学園には「夢を紡ぐ」という校訓がある。本来ならば小学校から中学校に進学する過程で行われる卒業式と入学式がない代わりに、4年生で「夢の式」、7年生で「立志式」を経て卒業を迎える。

「ちょっと特殊な学校ではあるんですけど、計根別学園の場合は『夢』に特化した発達段階の目標を設定させていまして。少子化で子供が少なくなってはきているんですけど、だからこそ僕たち教師も生徒一人ひとりと向き合いながら夢を後押しして、町の人たちにも協力していただきながら地域とともにある学校を目指しています」

大槻敬士が「なんか、学校の宣伝っぽくなってすみません」と恐縮しながら、義務教育学校の特異性と計根別学園が目指す教えを説いてくれたわけだが、実際に彼は、航大が夢を叶える上で大きな役割を果たしている。

航大にとって初めてとなる野球の指導者が大槻なのである。3年生から6年生まで所属していた少年野球チームの計根別ビクトリーズを経て、彼は大きく育っていった。

「『ビクトリーズ』という名前ですけど、全然勝てなくて。でも、航大は最初から野球がうまくて、ボールへの執念も出してくれるような選手でした。細かく指導することもあったんですけど、だいたいはこちらが言わなくても吸収してくれるようなセンス抜群な子でしたね」

大槻が指導した航大はその後、別海へと進学しショートのレギュラーとして甲子園の土を踏んだ。恩師が教え子の活躍をしみじみ称える。

「教え子がああいった快挙を成し遂げてくれたというのは、教師としてものすごく嬉しいことですよね。自分たちの代で全道大会に行ったとかそんなことはどうでもよくて、ひとりの別海町出身者として喜ばしいことです」

別海野球部のOBであり、航大の先輩でもある大槻は、新たな歴史の1ページを作った世代でキャプテンだった。

「釧路4強」の高い壁

別海高校のはじまりは1950年。中標津高等学校西別分校として開校した。52年に西別高等学校として独立して67年には別海酪農高等学校と校名を変え、76年に現在の校名となってからは「ベッコウ」として地元から親しまれている。

野球部はそこから2年後の78年に創部されたが、いわゆる弱小だった。北海道のチームにとって第一目標となるのが支部予選の突破で、別海ならば加盟する釧根支部での予選を勝ち抜かない限りは春と秋は「全道大会」と呼ばれる北海道大会、夏は北北海道大会に出場することができない。別海は創部以来、長らくその厚い壁に阻まれ続けていた。

「地元の高校を強くしたいな」

大槻が双子の兄である翔士とともに決意する。「本当はピッチャーをやりたかったけど、興味本位でキャッチャーをやると言ったら兄貴がやるようになり」と別海中央小学校からバッテリーを組み、別海中央中学校では3年連続で全道大会に出場した。強く望めばそれなりに力のある高校で野球をする選択肢だってあったはずだが、兄弟の意志は固く地元の高校に進んだ。

野球部を強くすると意気込んでいた大槻ツインズではあったが、不運にも99年にふたりが入学した当初から、翌年の夏に完成予定の新校舎建築のため学校のグラウンドで練習することができなかった。授業が終われば別の場所で練習をしなければならず、学校から徒歩圏内にある町営球場か隣町の本別海にあるグラウンドがメインとなった。

「本別海だとバスで20分くらいかかるんで練習時間が削られるから、野球部のみんなとトレーニングを兼ねて自転車で行ったこともありました。それでも球場で練習できる日はよかったんですけど、あの頃は毎日『どこで練習する?』という状態で。学校周辺をランニングしたり、練習が終わってから野球ができる屋内の施設に先輩たちと行ったり、限られた環境でも工夫して練習していたような気はします」

当時の監督である木村英勝が選手の自主性を重んじる指導方針だったとはいえ、まだ弱小だった彼らは野球に対してとことん純粋だった。

99年の秋。翔士と敬士のバッテリーは1年生ながらレギュラーとなった。下級生であるふたりをキャプテンとして率いていたのが、現在は林牧場を経営する林である。

「うちらの代は5、6人しかいなかったから」

林がそう切り出し、当時のチームをこのように思い出す。

「大槻バッテリーの世代は10人くらいいたんで、レギュラーのほとんどが後輩でしたね。うちらの代はそれくらいしょぼかったというか。結構、走らされたとか練習はそれなりにやっていたような気がしますけど、今みたいに土日の練習試合は必ずダブルヘッダーっていうような時代じゃなかったですから。そういうなかで、大槻たちが下の代から経験を積んでいけたっていうのは大きかったんじゃないですかね」

今でこそ自虐を交えているが、敬士が「すごく雰囲気を作るのが上手で、ベンチで盛り上げてくれていた」と言うようにキャプテンシーがあった。なにより、帽子のひさしの裏に〈全道大会出場〉としたためるような野球選手としての志も備えていた。実際、いくら下級生主体とはいっても、キャプテンであり、内野の要でもあるショートとしてチームを牽引していた林のチームは、かなりの善戦を果たしている。

別海が所属する釧根支部には「釧路4強」という難敵がいた。

甲子園出場経験のある釧路江南高等学校と釧路工業高等学校。そして、釧路北陽高等学校と釧路湖陵高等学校。この4校のどこかが、春と秋の全道大会や北北海道大会に出場するような構図となっており、敬士と翔士が1年の夏には釧路工に、そして秋には釧路湖陵に煮え湯を飲まされていた。

この4強に風穴を開けたのが2000年の春だった。

釧根支部予選の初戦で厚岸水産高等学校（現：厚岸翔洋高等学校）を27―3で圧倒すると2回戦で厚岸潮見高等学校（現：厚岸翔洋）にも13―6と勝利。そして迎えた3回戦。釧路湖陵との一戦を敬士は今も鮮明に焼き付けている。

翔士は右投げのスリークォーターで、ストレートの球速は130キロに満たないようなピッチャーだったが、コントロールは抜群だった。スライダーとシュートといった左右に曲がる球種に球速の遅いカーブと変化球を使いながら打たせて取る巧さがあった。

そして、この投球術を生かすのがキャッチャーの敬士である。事前に配球面などの対策をしていたこともあるが、双子であるためか「翔士はこのボールを投げたがっている」と、バッテリー間の阿吽の呼吸でテンポよく投げさせることができたという。

３―２で勝利した釧路湖陵戦は双子バッテリーの持ち味が十分に発揮された。敬士が唸る。

「先に点を取れられるビハインドゲームだったんですけど、兄貴もしっかりボールをコントロールして投げてくれたことで味方のミスとかもカバーできて。本当に粘り強くピンチを切り抜けて、最後に競り勝ったっていう。この試合は覚えていますね」

続く試合でも釧路北を７―４で下し、全道大会まで「あと１勝」に迫った釧路工との代表決定戦では１―７で敗れた。それでも、別海にとっては収穫ある春だった。

「相手が弱かったから勝てたんじゃない？」

支部予選の最初のうちはそんな怪訝を含んだ声もあったが、釧路湖陵に勝ったあたりから「あのベッコウが⁉」と、驚きと賛辞ともとれるような評価が耳に入るようになった。

敬士が本気で全道大会や北北海道大会を目指すようになったのは、このあたりからだという。

「強くしたくて兄貴と別海に入ったことは入ったんですけど、『全道』という明確な目標までは持っていなかったと思うんですね。それまで知らなかったんですけど、２年の春に代表決定戦まで行けたことで『創部以来、全道に出たことがない』みたいなことがわかって。そこから、全道に『行きたい』ではなく『行く』にはっきり意識が変わりましたね」

実りある春を経験した別海は、夏も釧根支部予選の代表決定戦まで勝ち進んだ。相手はまたも「4強」の一角、釧路北陽である。試合は終盤近くまで接戦だったが、ピンチでのエラーが響いてしまい3—8で敗れた。キャプテンの林は悔やむ。

「『ここでのミスはいてぇなぁ……』って、試合中に涙が出てくるような気分でした。エラーをした選手を責める気なんてまったくないんですけど、やっぱり4強の壁は高かったなって」

春と夏に「あと一歩」で涙を呑んだキャプテンは、大槻兄弟の世代が経験を数多く積めたと言っていた。その成果が表れたのが秋だった。

「開校50周年」に北海道大会初出場

新チームでキャプテンとなった敬士には、2度の敗戦を通じて得た自信があった。自分と翔士を含め、下級生時代から「4強」と渡り合ってきた選手が多く残っている。バッテリーを中心とした粘り強い守りと、切れ目のない打線が機能すれば勝機はあると睨んでいた。

秋の釧根支部予選。別海は順当に勝ち上がった。初戦で釧路商業高等学校相手に11—5と快勝すると、根室高等学校を13—2、釧路工業高等専門学校を3—1で下し釧路工との代表決定戦に臨んだ。

全道大会を賭けた一戦は激闘だった。

初回に2点、3回にも2点を追加され、序盤から劣勢を強いられながらも大槻バッテリーがその後、追加点を与えなかったことで少しずつ流れを引き寄せていった。6回に1点を返すと7回には2点を奪って1点差まで詰め寄り、9回に同点に追いつく。そして10回裏、チャンスの場面に支部予選で打率4割と当たっていた4番の小貫祐一のヒットでサヨナラ勝ちという、劇的すぎる幕切れによって別海は野球部創部以来、初めての全道大会出場を決めた。

まるで甲子園に出場するかのように、ベンチから選手が一斉に飛び出してホームベース上で全員が抱き合い、喜びを爆発させる。キャプテンの敬士は、その光景を忘れていない。

「『どんな勝ち方でも勝てればいい』とは思っていたんですけど、まさかサヨナラなんて、という。テレビでよく見ていた光景が広がっていて。そういう舞台を自分たちが作れるなんて思ってもいなかったんで、嬉しかったですよね。もう、チームの沸き方が半端じゃなかったです」

2000年9月19日は、「開校50周年」の記念すべき年を迎えていた別海にとって歴史的な日となった。

翌日、北海道新聞や釧路新聞を手に取ると、自分たちが沸きに沸きまくっている写真が掲載されていた。そこで敬士たちは「本当にやったんだな」と、改めて実感した。

この日から全道大会へ向けた調整が始まった。支部予選で顕在化した課題の守備を強化するために、ノックやシートバッティングなどの実戦形式の練習を中心に汗を流す。全道大会の初戦の相手が北見緑陵高等学校に決まると、ますます士気が高まった。

戦前の評価では互角だった。大会に入るまでは「いける！」とチームは自信を漲らせていたことは間違いないが、やはり初めての大舞台はシナリオ通りに進ませてはくれなかった。

試合前から別海は、全道大会に飲まれていた。

別海の選手たちは北見緑陵戦の前に行われていた試合で衝撃を受けていた。東海大学附属第四高等学校（現：東海大学附属札幌高等学校）の主砲・野呂昌平が放った、札幌麻生球場のバックスクリーンを超える推定飛距離１４０メートルとも言われる超特大のホームランを目の当たりにしたのである。

敬士はこのとき、開いた口がふさがらなかった。

「打球があっという間にバックスクリーンを越えていってしまって。東海大四が強いことはわかっていたんですけど、『果てしなく上がいるもんだな。これが全道大会か……』と」

戦慄を覚えながら迎えた北見緑陵との試合。そこには、支部予選で釧路4強を倒したような粘り強さはなかった。2回までは相手打線を無失点に抑えていたが、0―0の3回に3点を先取されると完全に主導権を握られる。4回、5回と0点で切り抜けたかと思えば、6回に3点を追加され、7回には一挙5点を献上した。別海打線も相手の左ピッチャー・野崎勝也に翻弄され、1点を返すのがやっとだった。

1―11、7回コールドでの敗戦。

別海町から約7時間をかけて駆けつけてくれた、約100人もの応援団に勝利を届けることができなかった。キャプテンの敬士がほろ苦い全道大会デビューでの感情を掘り起こす。

「全道で戦えたことは嬉しかったんですけど、大会前までは互角だと思っていた相手にあんな大差をつけられてしまって。やっぱり『上には上がいるんだな』と、めちゃくちゃ痛感して別海町に帰ってきましたね」

翌年の01年に開催される選抜で「21世紀枠」が新設されることとなり、敬士の世代がまさにそこにいた。つまり、別海は初めて出場した全道大会で勝利を収めるなど確かなインパクトを残すことができれば、北海道地区の推薦を得られたかもしれないし、あるいはこの時点で「甲子園初出場」という歴史を作れたかもしれなかったわけだ。しかし、推薦校に選ばれたのは全道大会でベスト8まで勝ち上がった公立校の帯広南商業高等学校で、さらに補足すれば選抜初の21世紀枠に選出され甲子園出場を果たしたのは、福島県の安積高等学校と沖縄県の宜野座高等学校だった。

「自分たちの代から21世紀枠が始まったこともよくわからないくらいで。全道大会に出たからって、そういう期待感はなかったと思いますね、初戦敗退だったし」

「全道1勝」を掲げた夏は初戦敗退

秋の忘れ物を夏に取りに行く。

チームは「全道1勝」を合言葉に再スタートを切ったが、その後の別海はどこか歯車が噛み合わなくなっていた。01年の春は支部予選準決勝で中標津に0－1と惜敗し、全道大会を逃した。そして、敬士たちにとって最後の大会となる夏も、初戦で「釧路4強」の釧路湖陵に4－6で屈し、あっけない高校野球の幕切れとなってしまった。

3年間を振り返っても、敬士はチームの歩みは悪くなかったと思っている。

上下関係の厳しさが色濃かった当時の高校野球界においてチームワークはよく、監督の木村も選手たちの自主性を重んじ、遠征の度にご飯をごちそうしてくれるような、選手との距離が近い指導者だった。いくら秋に初めて全道大会に出られたからといっても慢心することなくチームを強化できていただけに、キャプテンである敬士は現実をすぐに直視できなかったという。

「『負ける気がしなかった』というか、自信があったんですね。だから、1回戦負けという結果を受け止められるまでにはすごく時間がかかりました」

普段からクールで、このときも頭の整理がつかずとも敬士は平静を装っていた。試合後のラストミーティングでも、今となってはどんなことを話したのか覚えてはいないが、淡々と言葉を結んでいたように思う。

そんな繋ぎ留めていた感情が弛緩したのが、木村からの言葉だった。

「最高のキャプテンだった」

選手に伸び伸び野球をさせるときはさせ、引き締めるときは引き締めるようなメリハリがありながらも、どちらかといえば自分と同じようにクールだった監督が、涙ながらにかけてくれたねぎらいに、敬士はもう、耐えられなかった。

すみませんでした……ありがとうございます……涙とともに、本当は出したかった言葉をありったけ放出し、監督とキャプテンは最後の抱擁を交わした。

そして、別海の歴史を作ったキャプテンは教師となった。

計根別学園で野球を教えた航大が進学先に選んだ、自身の母校でもある別海で監督を務める島影隆啓は、敬士の1学年上にあたる。

「僕が中学のときから試合をやったこともあるし知っていました。高校では対戦したことはないんですけど、球足がとんでもなく速かったですね。当時から体も大きかったし『飛距離が出そうなバッターだな』って」

敬士が高校時代、釧路緑ケ岡高等学校の島影はまだ鳴りを潜めていた。

白球フロンティア

第2章

「コンビニ勤務の監督と5人の部員」

野球強豪校へ入学も半年足らずで転校

これまで進んできた道を島影隆啓が否定することはない。

運命や必然。

島影は人生を省みる過程で、いつだって前向きに捉えるような言葉を用いている。

「自分が選んできた道が間違っていたとは思わないですね。あとになって考えてみれば『恵まれていたんだな』と感謝することが多いですし、恥ずかしいことだと思っていませんから」

心に1本の筋が通っているような、真っ直ぐな言葉は気の強さすら感じさせる。実際、島影は中学時代からそんなやんちゃな気質があった。

別海町出身。地元の中春別中学校では2年生から4番バッターを任されるなど当時から長距離が売りの選手だった島影には、こんなエピソードがある。

本来ならば学生が出場してはいけない草野球の大会に助っ人として呼ばれた島影が、豪快なホームランを放った。すると、相手チームに自分が中学生だとバレてしまい、「ルール違反じゃないか！」と抗議のヤジを飛ばされる。

大人から咎められても、島影は萎縮することなくやり返す。

「文句言うくれぇなら、打たれんじゃねぇよ！」

草野球とはいえ、それなりに野球を経験してきた大人からホームランを打つほどの能力があった背景を述べるとすれば高い志だ。多くの地元中学生は別海高校、あるいは中標津町や釧路市の高校へと進むが、彼が切望していたのは旭川実業高等学校だった。

島影が中学生になった1995年の夏。旭川実は初めて出場した甲子園で、いきなりベスト8という強烈なインパクトを全国に与えていた。たまたま中標津に同校を卒業した知人がおり相談したところ、島影がどのようなプレーヤーなのかを監督の込山久夫に伝えてくれるとのことだった。そして、「一般推薦でよければ面倒を見る」と承諾を得て、98年に念願だった旭川実への入学を叶えたのである。

90年代当時の高校野球には厳しい上下関係が色濃く残っており、入学当初から挨拶の仕方から言葉遣いまで教え込まれた。草野球の試合で大人に対しても文句を言えるほど自分の意志が強く、主体性のある島影は1年生のまとめ役を任されることとなり、込山ら指導者や先輩たちと会話を重ねていくことで良好な人間関係を築いていった。このときの1学年上には、のちに「とにかく明るい安村」の名でお笑い芸人となり世界デビューも果たす安村昇剛がおり、「あの当時から面白い方でした」と島影が懐かしむ。

ところが、旭川実の水にも慣れてきた夏。予期せぬ不運が島影を襲う。椎間板ヘルニアと腰椎分離症によって、まったく動けなくなってしまったのだ。アスリートに限らず、人間にとって腰は日常生活をする上で根幹をなす部位である。地元に戻り、釧路市内の病院で1か月の入院を余儀なくされてしまった島影は、医師から「このまま高校で野球を続けるのは厳しいかもしれない」という悲劇的な宣告を受ける。

「強豪校の旭川実業さんに入らせてもらって、いろいろ学ばせていただいているさなかでの怪我ですからね。周りから『大変だね』とは言ってもらっていたんですけど、要はダメで帰ってきたわけで。でも、ここが分岐点と言えば分岐点だったたんです」

医師からは野球の続行に難色を示されていたが、島影は辞めるつもりはなかった。しかし、リハビリなどで長期間、練習に参加できなくなるため、地元から離れた旭川実にこのまま残るわけにもいかなかった。そんな折、地元の知り合いから「釧路緑ケ岡なら行けるかもしれない」と聞かされた。野球部の監督である種市裕友が、受け入れてくれるのだという。

夏休みが明け、病院を退院した島影は、私立の釧路緑ケ岡への転校を決断した。

準硬式野球部キャプテンを経て運送会社に就職

日本高等学校野球連盟が定めた規則では「選手の引き抜きを防止する」ことを理由とし、学校の統廃合など特殊な事例を除き、転校後1年間は公式戦に出場できない決まりとなっている。旭川実から釧路緑ケ岡へ転向した島影もこの対象者となる。そもそも怪我によって満足に野球ができない状態であるためリハビリ期間のほとんどを裏方として過ごしたわけだが、「この1

年間は本当に勉強になった」と実利を痛感している。

ひとつに雑用の尊さがあった。道具の整理から練習のサポート。当時は「後輩がやるもの」と思われがちだった作業も、彼らが環境を整えてくれているからこそ選手たちはストレスなく野球に打ち込めるのだと身に染みた。

もうひとつ、島影が勉強になったと挙げていたのがデータ収集である。

インターネットが普及していなかった90年代は、実際の目と足で情報を集めるほかなかった。50メートルや100メートル、ベースランニングのタイムや遠投といった運動能力に試合のスコアブックを通じて自チームの選手の特性や課題を見出し、球場に足を運んではライバルチームの試合をビデオカメラに録画して分析の材料とする。野球に力を入れている高校は、そうやって地道な作業で相手を研究していった。

「練習をサポートするなかで監督さんとも話すようになったので早い段階からコミュニケーションを取れましたし、いろいろ勉強させてもらいました。旭川実業さんでは野球を続けられませんでしたけど、転校の決断は間違っていなかったなと」

島影がいた時代の釧路緑ケ岡は、釧路工、釧路北陽、釧路湖陵、釧路江南の「釧路4強」どころか、別海の後塵を拝すような発展途上のチームだった。島影が公式戦に出場できるようになった2年生の秋から3年の夏まで、すべて釧根支部予選で敗退した。

ここで実質、島影の「プレーヤーとして上を目指す野球」は終わった。

古傷の状態を考慮し、高校を卒業後に進んだ札幌大学では硬式野球ではなく準硬式の野球部に入部した。準硬式とは、コルクと樹脂を混ぜ合わせて作った芯の回りに糸を巻き付け天然ゴムで覆った、牛革製の硬式とゴム製の軟式の「中間」となるボールを使用する野球である。

「大学では、楽しんで野球をやればいいかな」

そんな軽い気持ちで入部した準硬式野球部は、島影いわく「ガチ」だった。硬式野球部ほど環境に恵まれているわけではないため練習時間は短く、監督も毎日、顔を出すことはなかったが選手たちの意識は高く、自分たちでその日の練習メニューを考え、練習試合を組むなどしっかり予定と目標を立てて本気で全国大会を目指すようなチームだった。

運命や必然に抗うことのない島影が、覚悟を決める。

準硬式だろうと、自分が選択した道にそっぽを向くことなどできないとばかりに、ここでも持ち味の主体性を発揮した。すると、３年生で全国大会への切符を手にし、４年生の先輩から「お前がキャプテンをやれ」と飛び級で任命されたのである。

野球の指導者という道が芽生えたのも、このあたりからなのだという。

「自分たちでチームを作り上げていって、それが全国大会へと繋がったというところで達成感があったんですね。その過程で学んだことも多かったですし、それを今後も生かせたら、ということで『指導者ができたらいいな』と思い始めて」

だからといって、すぐに指導者としての道が開かれたわけではなかった。

札幌大を卒業した島影は、運送会社に就職した。

営業職に従事していた島影は、ここで礼儀を学んだ。そのなかでも基本の「キ」とも言える一般社会の挨拶は、体育会を生きてきた人間にとっては簡単に順応できるものではない。

声が大きい。これは社会でも好感が持たれる。一方で「はい」を「はぁい！」や「うぃっす！」。「こんにちは」を「ちは！」「ちゃーす！」といったように略語されることが多く、これはむしろ悪影響を及ぼしかねない。

島影は、挨拶をはじめとした言葉遣いに気を配るようになっていった。

「営業をやっていると初めて会う方が多いですし、第一印象って大事じゃないですか。そこで、いくら元気がよくても適当に『ちゃーす！』って挨拶されるより、相手の目をしっかり見て『こんにちは！』ってお辞儀したほうが絶対に相手は気持ちいいと思うんですね。だからといってそれを機械的にやるのではなく、人によって声の大きさを変えたり、挨拶以外にひと言加えたりすることも大事なんじゃないかと思うようになりました」

右に曲がり、左に曲がり。

望んでいた1本道とは大きくかけ離れてしまったかもしれないが、島影にとっては重要な道程だった。運送会社に勤務し1年半が過ぎた頃、釧路緑ケ岡の野球部関係者から連絡があった。

「うちの野球部を指導してくれないか?」

それは母校の監督の打診という、思わぬ形での夢の実現だった。

会社を退職し、母校のコーチとなる

2004年に釧路緑ケ岡から武修館へと校名を変更していたチームは、うまく機能していないのだという。そこで白羽の矢が立ったのが島影だった。

願ってもいない申し出ではあったが、このとき島影は即答を回避した。

まず、「野球部がうまくいっていない」というなか、いくらOBとはいえ現状を把握していない自分が監督となることでますます混乱を招いてしまうのではないか。なにより島影は、まだ運送会社の社員でもあった。

「会社には事情を説明して辞めます。ただ、監督ではなくコーチにしてください」

島影は条件を提示し、野球部も承諾した。06年10月のことである。

母校のグラウンドに立つ。なるほど。監督を退き高校の管理職に就いていた種市からも事情を聞いたこともあり、チームの現状を理解した。

このとき、武修館に圧倒的に足りなかったのは、指導者と選手のコミュニケーションだった。「やれ」「はい」。簡単に言えば、そんな旧態依然とした主従関係が残っており、島影の目にはグラウンドの選手たちは漠然と動き、目的意識が欠落しているかのように映った。

だから島影は、できるだけ選手の機微に目を光らせた。走り方が少しでもおかしければ「どこか痛いのか？」と声をかけ、顔を歪ませながら白球を追う選手には「なんかあったらいつでも言えよ」と気軽に肩を叩く。

島影がコーチとして赴任する前から外部コーチとして指導していた渡辺靖徳は、そんなきめ細やかさに関心を抱いていた。

「当時から基本的に厳しい指導者ではあったと思うんです。でも、旭川実業で故障して転校したとか、そういう経験があるからこそ『誰も見捨てたくない』という想いは人一倍強いんですね。子供に対する愛情、諦めない指導っていうのはこの頃からありました」

肩書としてはまだコーチだった07年。島影は「監督」としてベンチに入るようになった。高校野球では、監督は教師でなくとも問題はないが、責任教師である野球部の部長は教員という決まりがある。したがって、教員免許を取得していない島影がベンチに入るとしたら形式上、監督にならなくてはならず、学校側の配慮で教員である現監督との「配置転換」という措置が取られたわけだ。

ややいびつな布陣でありながら、この年の秋季大会で武修館は支部予選を突破した勢いを全道大会でも持続させ、ベスト4まで勝ち進んだ。そして、北海道の21世紀枠推薦校に選出されることとなった。08年の選抜出場校に選ばれることはなかったが、島影の指導がチームに浸透し、結果へと繋がったことを証明したことになる。

そして08年4月。島影は正式に武修館の監督に就任した。

2010年夏。武修館初の決勝進出

武修館の監督となった島影は、まずチームの内面から改革に着手した。「野球部の心得」と項目を掲げ、選手たちには金科玉条の如く「これは絶対に守ってほしい」と徹底させた。その内容はこうだ。

一、挨拶は立ち止まり、大きな声ではっきり言うこと
一、グラウンド、道具に礼儀をつくし大切に扱うこと
一、準備は早く、移動は全力疾走をすること
一、大きな声で盛り上げ明るく楽しくプレーすること
一、互いに良いことは褒めダメなことは注意すること
一、仲間を大切にし、一生の友を作ること
一、年上に敬意を払い、年下をいたわること
一、人が嫌がる仕事を率先してやること
一、謙虚な心、素直な心、感謝の心を持つこと
一、野球部員である前に高校生であれ

「野球をさせる前に『くさびを打つ』じゃないですけど、最初の意識づけです。大人だって完璧にできるわけではないんですけど、高校時代から『いつかこういう人間になってほしい』『将来、この教えの意味に気づくことがある』という想いですね」

そして島影は、野球でも大きな方向転換を施している。

きっかけは、ジレンマだった。90年夏に中標津が甲子園に出場するなど、自分が少年時代だった頃の釧根支部は北海道で互角以上に勝負できる地区だった。それが近年では、全道大会で同支部の高校と対戦するチームから「ラッキーだ」と喜ばれるくらい凋落していることが悔しく、許せなくもあった。だからといって島影が感情的になることはなく、むしろ冷静にほかの地区と釧根との差を分析するところからはじめた。

原因が浮かび上がる。

釧根支部の試合を見ていると、どのチームもバントと盗塁を多用し、ピッチャーを中心とした守りの野球を展開していた。このような手堅さは日本の野球における原点であり、鍛えていかなければならない要素である。しかし、北海道で勝ち抜く、ひいては甲子園に出場するためにはプラスアルファが求められる。実際、07年秋の全道大会で対戦したチームの打球は、釧根のチームで見るそれとは明らかに違っていた。

このような認識をコーチの渡辺とも共有した島影は、攻撃に比重を傾けるようになった。

「そんな野球をしてたら、勝てるもんも勝てないでしょ」

「ちゃんとバントするところはしないと点は入らないよ」

同地区の指導者からは批判めいた声が聞こえてきたがあえて馬耳東風を貫き、選手たちには「圧倒的な野球をしないと北海道で勝てない」と言い続けた。どちらかといえばそれは、訴えかけるというより反骨心だ。「やるぞ！」といった熱量が、チームを突き動かそうとしていた。

「まあ、優しい感じの監督ではなかったと思いますね。締めるときはしっかり締める、みたいな感じの方でしたよ」

渋面を作るでもなく、当時を思い出しながら笑みを浮かべるのは大友孝仁だ。中学までで野球を辞めようと思っていたところ武修館からスカウトされ、入学した08年4月に監督となったのが島影だった。彼の世代はいわば「島影一期生」になる。大友の回想によると、島影は攻撃野球を標榜したと言っても練習時間の多くをバッティングに割くのではなく、とにかく基本を徹底的に叩き込んでいたのだという。

そこには明確な狙いがあった。大友たちの世代には上田昌人という、プロ野球のスカウトからも熱視線を送られる絶対エースがマウンドに君臨しており、「最少失点で守り抜き、そこに野手が少しでも援護できれば全道でも勝てる」という算段がついていたからである。

09年秋。武修館は釧根支部予選を4試合で平均14・3得点という圧倒的な破壊力で勝ち上がる。全道大会では、初戦で強豪・北海を相手に上田が延長10回を投げ1―0で撃破と、攻守のバランスのよさを印象付けた。準々決勝ではこの大会で優勝することとなる北照に１―４で敗れてしまったが、トータルでの戦いぶりが評価された武修館は２年ぶりに北海道の21世紀枠候補として推薦されたのである。

この年も結果的に選抜に選ばれなかったが、大友たちに悲嘆はなかった。

「候補になったと言っても武修館は私立だし、『選ばれるわけないだろう』とチームメイトとも喋っていたんで。そもそも、負けて甲子園に行くっていうのもどうかと思っていたんで、『勝って甲子園に行かないと』みたいな、そっちの意識のほうが強かったですね」

内野のレギュラーだった大友自身にも忸怩たるものはあった。いくら打ち勝ったといっても、世間の評価はエースで４番バッターでもある上田に集まっていた。秋以上に体力の消耗が激しくなる夏は上田に頼りきりでは甲子園に出ることはできない。

「上田のワンマンチームじゃないって周りにわからせよう」

これが、この世代の合言葉となり、成果となって表れたのが夏だった。

「上田という絶対的なエースがいたことはもちろん大きいんですけど、打力も着実に成長してきましたからね。あの年は、かなりうまくいったと思います」

夏の武修館は、北海道に旋風を巻き起こした。

釧根支部予選の初戦で釧路明輝高等学校を４―０で退けると、２回戦では中標津農業高等学校を21―０と圧倒。代表決定戦でも根室を10―０で完封した。北北海道大会に進んでも１回戦で旭川南高等学校に6―0で勝利すると、準々決勝でも帯広農に6―3と接戦をものにした。北北海道大会におけるハイライトは、遠軽高等学校との準決勝だ。

この試合、島影は大きな決断を下した。上田の右手中指にマメができていたことを考慮して先発を回避させ、抜擢した2年生左腕の長谷川諒次が6回を1失点と期待に応える。そして、0―1で迎えた7回、1アウト一塁で「ホームランを打ってこい」と代打に送った上田が、監督の指令通りにホームランを放ったのである。画に描いたような逆転劇を演じた武修館は、その後にマウンドに上がったエースが3回を無失点に抑え、初の決勝進出を果たした。

相手を飲み込むほどの旋風はしかし、ここで止まった。

旭川スタルヒン球場で行われた旭川実との決勝戦。それまでの疲労とマメの影響からか、準決勝まで見せていた上田の姿はなかった。最速145キロのストレートはいつものような威力がなく相手打線に掴まり、それまで完封が当たり前だったような絶対エースが6回7失点でマウンドに沈んだ。「上田ひとりのチームじゃない」と奮起し、成熟を果たした打線は上田が降板した7回に4点を返すなど意地を見せたが、追撃はここまでだった。

スコアは4―9。甲子園は、あと一歩、届かなかった。

決勝の夜、島影は悔しさを紛らわそうとコーチの渡辺と旭川の街へ出た。ふらっと立ち寄った居酒屋の暖簾をくぐる。ふたりはある貼り紙にすぐ反応した。

〈祝　旭川実業　甲子園〉

はぁ……示し合わせたようにため息が出る。まだ体中に悔しさが駆け巡ってはいたが、武修館にとって初めての準優勝は快挙と評価していい結果だった。だからこそ前向きに課題と向き合い、顔を上げて酒を飲みたかったがそうはならなかった。恨めしそうに「なんで」「どうして」ばかりが口に出てしまう。そのうち、島影と渡辺が「甲子園に行けなかったのは……」とどちらかが切り出せば「そうじゃない」と、どちらかが反論するといったようにいつの間にか慰労会は口論の場となってしまっていた。それだけ、目の前で零れ落ちた悲願が悔しかった。

「もうちょっと、だったんですよね。そういうところまではいけたんですよ。でも、そこからはなかなか勝ち切れないことが続きまして」

監督の奥歯に物が詰まったような嘆きを汲み取るように、大友も言葉を絞り出す。

「僕らとしても責任はすごく感じてるんですよ。やっぱり、『あそこで甲子園に行っていれば』って気持ちはありますからね。周りからも『行ける』って言われて最後に勝てなかったことで、きっかけを作ってしまったというか」

監督を解任。空港での涙の別れ

10年夏の敗戦が尾を引いたかのように、そこから武修館は勝てなくなった。

準優勝の世代が引退した直後に行われた秋季大会で支部予選初戦敗退。翌11年の春と夏は予選を勝ち抜いたが、全道大会と北北海道大会では初戦で敗れた。しかし、島影は先を見据えていた。さらに次の世代に「甲子園を狙えるかもしれない」と期待を抱かせていたのである。

11年秋は全道大会ベスト8。翌春も初戦で甲子園出場12回を誇る強豪・駒澤大学附属岩見沢高等学校に4―3で競り勝ち、秋と同じく8強まで勝ち進んだ。身長169センチながら安定感のあるエースの伊藤慎一を中心としたチームは夏も北北海道大会に進出し、11年に甲子園に出た優勝候補の一角である白樺学園高等学校を3―2で下す金星を挙げた。

「あの世代はすごくいいチームで、力もあったんです。北北海道大会でも白樺学園に勝つことができて、『よし！　これで一気にいける』と思っていたんですけどね……」

帯広三条高等学校との準々決勝。頼みの綱だったエースが崩れた。武修館が1点を先取した直後の3回表に伊藤が相手打線に掴まり5失点で降板。4回にも継投した2年生の武田悠也も3点を奪われ、前半で大量リードを許したことが響き4―10で敗れた。

10年と12年。甲子園を現実的に捉えられたチームが敗れたダメージは、思いのほか大きかった。次世代のチームは12年秋、13年春夏と3大会すべてで支部予選敗退と、近年の武修館からすれば最も低迷した1年となった。そして13年秋。全道大会初戦で白樺学園に2―9で敗れた翌日、10月8日に島影は学校から呼び出された。

「明日から指導をしなくていいから」

管理職から告げられた冷淡な言葉に島影はすぐさま応戦し、問答が始まる。

「理由はなんでしょう？」

「君には人気がないから、有望な選手が集まらないんだ」

その場では「そうなんですね」とやり過ごすしかなかったが、納得できるわけがなかった。とはいえ、教員免許を取得していない島影は武修館にとって「雇われ監督」であり、契約終了を告げられれば従うほかない現実もあった。

島影退任の噂が広まると、「監督を辞めるのは致し方ない」「これからも監督を続けるべき」と意見が二分した。

これは島影に限ったことではないが、監督が代わればそれまで陽の目を見なかった選手にもチャンスが生まれるかもしれない。トーナメントの一発勝負である高校野球の場合、どうしてもレギュラーをはじめとしたベンチ入りメンバーが重宝されるのは致し方ないが、現実問題として「主力」と「控え」の間に温度差があったことは否めない。そこに関しては、島影自身も「自分が辞めれば、控えの子たちなんかは気分を切り替えることができたのかもしれませんけど」と、自戒するように言っている。

ただ、実際はそういった声は表立っては聞こえてこず、大半が島影の残留を希望していた。保護者などは「もともと人数が少なくて、弱いところからここまで強くしてくれた監督を辞めさせるなんて」と学校側に抗議し、監督留任の署名活動まで行ってくれた。だからといって、学校側は最初の決断を覆すわけもなく、「成績不振」や「契約上の問題」と、あらゆる理由を用いては島影の監督退任を遂行しようとした。

最終的に島影は、現実を受け入れた。

「そういう騒動みたいなものが始まってから2週間から1か月くらいは、選手や保護者の方から『ちゃんと指導してください』と言っていただいていたんですけど練習に行かなかったんです。まず、自分自身が状況を整理しないといけないな、と思っていたので。そこで、いくら監督を辞めさせられるといっても、僕はそれまで1年契約を続けていたので次の年の3月までは監督でいられるわけで、『だったら、3月31日まで監督として責任をもって職務を果たさないとダメだ』ということで、気持ちを切り替えることができました」

外部コーチの渡辺が水戸葵陵高等学校の前身である水戸短期大学附属水戸高等学校のOBだった縁で、武修館は春休み期間中の関東遠征で同校のグラウンドを拠点としていた。

この遠征に帯同する島影と渡辺、そして当時の部長で、監督とともに3月いっぱいで職を降りることを決めていた和田純太が「最後までやりきろう」と誓い合って選手たちと「最後の指導」に精力を注いだ。

最終日となる3月31日。武修館野球部は東京国際空港（羽田空港）にいた。

島影は選手たちと釧路へ、渡辺は拠点とする北見へ行くため女満別へ、和田は新千歳と、それぞれが違う便に乗ることとなっていた。

日本航空の搭乗口。島影によるラストミーティングが行われた。

「俺たちは今日で最後だけど、お前たちは絶対に……甲子園に……」

島影の声が、途切れる。惜別の悲しみが、嗚咽となってあふれ出していた。渡辺だけが気丈に振る舞いながら「やるだけやったんだから泣くな！」とたしなめ、周囲の一般搭乗客からも「なにごとか？」と思わんばかりに不思議そうな視線を向けられていたが、それらは慟哭のかなたにかき消され、そして、それぞれの帰路へと就いた。

「あの日は忘れられないですね。最後までやりきったからこそ、僕は胸を張って武修館時代の自分を話せるんです。もし、監督の退任を告げられたときに嫌気がさして『もう、いいや』とチームを投げだしていたら、指導者としてなにも残らなかったと思ってますんで」

選手たちと釧路空港へ降り立った島影を待っていたのは、武修館の父兄など監督を慕ってくれる関係者だった。花束を受け取り、ねぎらいの言葉をもらう。部員一人ひとりと握手を交わし、島影は「これで、本当に終わりなんだな」と感慨深く手のひらに力を込めていた。

そしてそれは、島影にとって野球との決別の儀式でもあった。

「もう、二度と野球には関わらない」


「高速道路から転落したら間違いなく死ぬだろうな」

武修館の監督を解任され職を失った島影は、父の和夫が経営するセイコーマートで手伝いをしていた。だからといって、かつて率いたチームへの関心を断ったわけではなく、教え子たちの快進撃に目を細める自分も認めていた。

14年夏。武修館は釧根支部を勝ち抜き、北北海道大会への出場を決めていた。偶然にもその期間にセイコーマートのフランチャイズ研修会が札幌で開かれるため、島影は1回戦を観戦するために試合のある旭川に立ち寄った。

1回戦の前日。宿泊先のホテルパコ旭川（現：プレミアホテル―CABIN―旭川）屋上にあるビアガーデンで涼を取りながら、キャプテンの千葉祐也に〈明日、頑張れよ！　試合観に行くからな〉と携帯電話でメールを送ると、すぐに折り返しの着信が来た。

「監督、旭川にいるんですか!?　今どこですか？」

「お前たちが泊ってるホテルが見えるところにいるよ。あそこの駐車場でいつも素振りしてたよなぁ。みんながやるところを見てるからな！」

「ってことはパコですね！　わかりました！」

そう言われ千葉からの着信が切れると、数分後にキャプテンが部員を引き連れて島影のもとにやってきたのである。

島影が喜びの感情を抑えながら説教を垂れる。

「お前らなにぞろぞろ来てんだよ！　ここは大人しか来ちゃダメなんだぞ。こんなところに来ないで素振りしろ、素振り！」

「今の監督、そういうこと言わない人なんで。だから、自分ら昨日、カラオケ行ってました。全然、自由っすよ、今は」

「なんだよそれ、あてつけか！　ふざけんなよ」

　恩師とフランクに接した教え子たちは、夏を伸び伸びと戦った。深川西高等学校との初戦を4―1でものにすると、準々決勝で天塩高等学校を9―5、準決勝では旭川大学高等学校（現：旭川志峯高等学校）を4―3で退けた。札幌で武修館の快進撃を逐一チェックしていた島影は、セイコーマートの研修が終わると決勝戦を観るために再び旭川へと車を走らせた。

「釧根対決」となった釧路工との決勝戦。武修館は1回に3点、2回に1点を追加して主導権を握り、3点差に詰められた8回裏に3点を挙げ試合を決めた。

　甲子園初出場の瞬間を旭川スタルヒン球場のスタンドで見届けた島影は、自分が悲願を達成したかのように嬉しく、涙が止まらなかった。それが、球場を出て別海町に戻るために車のハンドルを握ると、少しずつ虚しさがこみ上げてきた。

「情けないんですけど、運転中にいろんな感情がこみ上げてきてしまいまして」

　このとき島影は、自暴自棄になりかけていた。つい数時間前までの喜びが嘘だったかのように自虐的になり、パーキングエリアで車を停めたかと思えば自分と運命を共にしてくれた前部長の和田に〈俺がダメだったから、みんなで甲子園に行けなかったんだよな。お前にも辛い思いをさせてしまって申し訳ない〉と懺悔のメールを送る。

虚しさ、情けなさ、悲しさ、腹立たしさ。あらゆる負の感情が島影に渦巻いていた。ついには越えてはいけない一線すら、あっさりと越えてしまいかねないほど心が乱れていた。

「ほんと、なにやってんだよ、俺は。……このスピードでこの高速道路から転落したら、間違いなく死ぬだろうな」

今となっては、その気持ちが本気だったかどうかわからない。ただ、旭川から別海町まで帰る島影に未来は見えていなかった。

唯一、繋ぎ留めていたとするならば誇りだ。06年にコーチとして武修館に来てから、「チームを強くしたい」という熱量だけは誰にも負けなかった。高校野球の指導者としては異例の「準硬式野球出身」という出自だとしても、「自分は大学まで硬式をやってきた人より勉強している自信がある」と、むしろ自負するように歩みを語っていた。そういった島影の熱量は、コーチの渡辺や部長の和田、スポーツ用具を卸すスポーツビーイングの伊藤昌幸など多くの人間に届いていたし、彼らは惜しげもなく島影をサポートしていた。

携帯電話が鳴る。ハンドルを握る手が汗ばんでいることに気づく。その短さから、おそらくは電話ではなくメールだろうと思い、車を停められる場所まで移動させてから確認する。

〈こんなこともあるんだな。辛いだろうけど、胸を張れよ〉

送り主は、霞ヶ浦高等学校の監督である高橋祐二だった。茨城で関東遠征をするようになったことで交流が始まり、懇意となった高橋からのメールに、島影が「霞ヶ浦って明日、決勝じゃなかったか？」と我に返る。

「霞ヶ浦もずっと決勝で負けているような悲運の高校で、次の日に決勝だから人に構っていられるわけないじゃないですか、本当なら。そんなときに自分なんかに連絡してくださって。その瞬間、すごく嬉しくなったんですよね」

島影が顔を上げる。自分の視界は曇りから晴れ間が差し込んでいた。

翌日、セイコーマートしまかげ中春別店に届けられた新聞各紙には〈武修館　甲子園初出場〉の文字が躍っていた。仕事とはいえ「なんで俺が、こんなの並べなきゃいけねぇんだよ」とため息交じりに悪態をつく。追い詰められるまでの負の感情はもう、消え去っていた。

少年野球のコーチから再び高校の監督へ

セイコーマートしまかげ中春別店がまだ個人商店を切り盛りしていた頃、学生バイトとして勤務していたことから島影の両親と親しかった鎌田正勝は、息子が武修館の監督を辞めて別海町に帰ってくることを知らされていた。事の経緯は詳細に把握していたわけではなかったが、気の毒だと慮りながらもチャンスだと思った。

「あの頃から、先生方が放課後の活動を学校側からだいぶ制限されていまして、少年野球の指導がだんだんできなくなっていたんですね。僕の地元でもありますし、少なからず関わらせていただいて『どうしたもんかな？』と思っていたときに島影監督が戻ってくるというお話を聞いたものですから」

島影がまだ2歳と幼い時期から知っている鎌田は、掛け値なしで「自分の出身チームなんだし、面倒を見てくれないか？」と頼んだ。しかし、本人からの答えはノーだった。

「いいから、とりあえずグラウンドに来い！」

なかば強引に島影を連れ出そうとするも、「いや、いいです」とあからさまに拒絶される。それでも鎌田は引き下がらず「1回でいいから見に来い！」と、最終的には無理矢理ながらもグラウンドへと誘導することに成功した。

そこには、まだまだ未熟ながらも懸命にボールを追う少年たちがいて、熱心に指導する大人たちの姿があった。鎌田はそこで、改めて「監督をやってくれよ」と頼む。しかし、島影が首を縦に振ることはなかった。

島影を幼少期から知る鎌田は、彼が頑固であることを理解している。首を縦に振らないのであれば振らせるまでだ、とばかりにアプローチを続けた。当時、島影の長女が通っていた小学校の学芸会に足を運び、本人のみならず妻の真季子にも「なんとか頼むよ」と頭を下げる。そして、昔から知る父の和夫と母の明美にも「なんとか受けてもらえるように話してもらえませんかね？」と外堀も埋めた。

断られても、断られても、諦めない。鎌田はまるで、三顧の礼の如く島影に執着した。

「詳しくは知りませんけど、武修館でのことが相当、心に引っかかっているのかな、とは思っていました。でも、また野球を教えたい気持ちは絶対にあったはずなんです。だから、かなり断られましたけど何度もお願いして」

島影は「かなり強引でしたよ」と笑いながら、鎌田からの誘いを懐かしむ。

「当時の監督さんはすごく一生懸命でしたし、子供たちも下手なりに楽しそうに野球をやっていた姿を見ているうちに、『自分の出身チームでもあるし、やっぱりお手伝いしないといけないかな』と思い始めまして」

14年の春先。島影が鎌田に意志を伝える。

「表舞台には立ちたくないんで監督は嫌ですけど、コーチなら引き受けます」

武修館の監督時代に「厳しい」と言われてきた島影の姿は、そこには微塵もなかった。小学生の目線に立ち、ミスをしても「ゴロはこう捕ればいいんだぞ」と実演してみせる。その光景に、鎌田は「あいつはやっぱり、野球から離れられない男だなぁ」と目を細めていた。

島影が少年野球で指導するようになったと聞くと、武修館時代から付き合いのあるスポーツビーイングの伊藤も鎌田と同じ気持ちになった。チームの野球用具の面倒を見るようになったため、「原点の少年野球に関われば教え方を見直せるかもしれないし、また高校野球を指導することになったときのプラスになるかもしれない」と助言したことがあったが、伊藤が見たグラウンドでの島影は、そんな堅苦しさから解き放たれた姿だった。

「生き生きしていましたね。本当に野球が好きだし、野球バカだなと再確認しましたよ」

　この中春別ジュニアホークスで指導をするようになると、「あの島影が、別海町にいるらしいぞ」と瞬く間に広まった。狭い町である。10年に北北海道大会でチームを準優勝に導くなど、島影が打ち立てた武修館での実績は誰だって知っている。ゴロ捕球もまともにできなかった少年たちが徐々に力をつけ、試合で勝つようになればなおさらその指導力は評価された。

15年。中春別ジュニアホークスは全道大会への出場を決め、チームは町役場に表敬訪問することとなった。島影はここで、町長から思いがけない提案をされる。

「もう一度、高校で監督をやってみる気はありませんか?」

　別海の監督就任の打診だった。聞けば、野球部は危機的状況に陥っているのだという。

　この年の夏に3年生が引退し部員がマネージャーを含めて5人しかいないため、秋の大会は連合チームで臨むことが決まっていた。町としても唯一の高校の野球部が消滅するのだけはなんとか回避したいと、島影は自分を監督として招聘するいきさつを聞かされた。

　気持ちは複雑だった。状況こそ違えど、自分が監督になることによって現職の人間が更迭されるのだろう。それはまるで、武修館時代の自分ではないか――そんな考えがよぎった。後日、別海の校長と教頭に腹を割ってそのことを話すと「そこは問題ありませんから、ぜひとも監督をやってください」と頼まれた。

　母校ではないが、地元の高校である。野球部の再建のため、島影は2年ぶりに高校野球の指導者になることを決意した。

「3年で全道大会出場」「5年で全道大会初勝利」「10年で甲子園」

キャプテンでキャッチャーの大槻敬士と、その兄でエースの翔士のバッテリーを中心に、初の全道大会出場を決めるなど目覚ましい躍進を遂げた01年から、別海野球部は再び冬の時代を過ごしていた。釧根支部予選で1、２勝できればいいほうで、ほとんどが初戦敗退だった。

15年の夏が終わり、新チームでキャプテンとなった白鳥雄治には明らかな危機感があった。

「2年生になったあたりからずっとありましたね、それは。その時点で同級生がふたりしかいなかったし、『来年、どうなるんだろう？　このままだと野球部がなくなっちゃう』みたいな」

２年生はピッチャーの白鳥とショートの濱松勇也に、マネージャーの菊地聖花。1年生はファーストの大坂大和とセカンドの深見悠太。選手は４人しかいなかった。秋は釧根地区で別海と同じような境遇の釧路東高等学校、霧多布高等学校、標津高等学校、根室の５校による連合で戦うことが決まっており、それぞれの学校のある場所が車で1、２時間程度を要するとなると、チームとしての練習もまともにできる状態ではなかった。

1年生だった大坂が、当時の苦境を思い出す。

「釧根といっても北海道は広いんで、移動とかを考えると大変さもあって。毎週、土日は釧路で練習だったんで、『これが来年も続くとどうなんだろう?』というのはありました」

連合チームはこの秋、初戦で標茶高等学校に8―1で勝利すると、続く釧路北陽戦では4―3と接戦をものにして2勝を挙げた。別海の単独チームで臨んだ前の世代が秋春夏とすべて初戦敗退だったことを考えると大健闘ではあるが、いかんせん連合での成果である。喜びは半減だった。

秋の大会が終わりシーズンオフに入ると、別海野球部の最優先事項は新入部員の勧誘だった。

「もう、必死でしたね。経験、未経験問わず『知っている顔は声をかけよう』くらいの勢いで、地元の中学生に声をかけましたね。人材の確保が最優先だったんで、ちょっとでも興味を持ってくれれば『まずは入ってみない?』って」

そう語る白鳥の地元は、別海町のなかでも西のはずれにある西春別で、そもそも中学生が少ない地域だったため手応えが強かったとは言えなかった。でも、それでいいと思っていた。

「自分たちの代は捨て石でもいいから、次の代のためにやろう」

同学年の濱松と菊地で話し合い、決意を固めていたのである。

先輩たちの覚悟を尻目に大きな働きをしたのが大坂だった。別海中央中出身者が、中学3年生の後輩たちに声をかける。なかには、勧誘するまでもなく「別海でやるつもりです」と意志を述べる後輩もいたため、なんとか翌年は単独チームで戦えるだけのメンバーが揃うだろうと、留飲を下げることができた。

そんな矢先に舞い込んできたのが、島影の監督就任の噂だった。

大坂の中学の後輩である松田恵永もその話を聞きつけたひとりだ。中学野球を引退後に結成された、軟式の素材で重さと大きさが硬式と同じのKボールを使用する選抜チームで、島影が臨時コーチとして参加しており、その際の指導法に感銘を受けたという。父の勝広が話す。

「一緒に野球をした期間は1、2週間くらいだったかと思うんですけど、そのときにいろいろと教えてもらったことが本人にとってためになったようで。そこから『別海高校の監督になる』という話が出たので『それなら』ということで決めたみたいですね」

15年の冬。別海では白鳥たち5人の部員は最初、新監督が島影かどうかは知らず、しかも「外部から指導者を入れることになるけど、いいか?」と、さもコーチが来るといったような趣旨で、当時の監督から確認されたという。

しかし、否定する者は誰もいなかったと、白鳥が言う。

「このままなにも動かないで終わるよりも、他の人が来て新しいことができるならいいんじゃないって。新しい人が来ることによる不安はありましたけど、『このままでいいのか?』ってみんな思っていたんで。それくらい、あの頃のチームは藁にもすがる思いだったというか。それが島影さんでよかったですよ」

16年春。白鳥や大坂たちの尽力の甲斐あって、新1年生が6人も入部した。

2年ぶりの単独チームを率いることとなる新監督が、彼らの前に立つ。そして、堂々と3つの公約を打ち立てた。

「3年で全道大会出場」

「5年で全道大会初勝利」

「10年で甲子園」

5人の部員に示した目標。覚悟の真意

別海のグラウンドは学校の敷地内にある。野球場を起点とすればライト後方にサッカー場があり、センターからレフトにかけてラグビー場がある。そして、レフトのファウルゾーンには農業用ビニールハウス仕立ての野球部専用の室内練習場がある。

16年春。別海の監督に就任した島影は目を疑った。

内野はデコボコで根本的に土が足りていない。こんなところでノックを受けようものならば、イレギュラーバウンドばかりとなり顔面にボールが直撃するなど大怪我の恐れがある。そして、冬が長い北海道において頼みの綱である室内練習場のビニールハウスも所々に穴が開いているどころか、様々な用具が収納されている物置と化しており、野球をする場所としての役割を果たしているとは到底思えなかった。

これが、もし武修館の監督だった島影なら烈火の如く怒りをぶちまけていたのかもしれない。

しかし、このときは冷静な自分がいた。

「選手たちは悪くないですよ。だって、部員がマネージャーを入れて５人しかいないんですから、グラウンド整備をしっかりやりたくてもできるわけがないですよね」

そして島影は、この言葉の核心を述べる。

「この人数でも野球を辞めない時点ですごいですよ。頑張っていたんだな、と思います」

野球部存続のため新入部員集めに奔走した、そんな彼らのひたむきさに島影は心を揺さぶられたのである。だから、より一層、覚悟が固まった。

「３年で全道大会出場」「５年で全道大会初勝利」「10年で甲子園」

当時の別海のような環境に恵まれないチームで、新監督がこれだけの目標をぶち上げるなど無謀だと周りから思われても仕方がないし、実際に学校の教員などからは「そんなこと無理に決まっている」と嘲笑されるように非難を受けた。それでも島影は、「教育者がそんなこと言うな！」と反発こそすれ、掲げた志をしまうことは絶対になかった。

武修館を辞めた際に「二度と野球を教えない」と誓いながらも、少年野球の現場で復帰し、再び高校野球の監督となった。だから島影は、退路を断ったのである。

「覚悟です。それだけでした。外部監督として雇われている以上、それくらいは示さないと。大きく３つの目標を立てましたけど、最終的には甲子園です。『10年以内に出られなかったら、責任を取って辞めます』と。そういうのは最初に言わないと意味がないと思ったんで」

気概を打ち出す島影に、共鳴する者たちが集う。

武修館の監督を退任する際に「次に監督をやるときも手伝わせてね」と約束していた、外部コーチの渡辺に小澤永俊も加わった。スポーツビーイングの伊藤も「できる限りの協力はするから」と釧路から別海町へ通うことを明言する。普段は北見で治療院を切り盛りし、大会限定で選手たちの体のメンテナンスを担当していた佐々木護も彼らに倣った。

鎌田もそのひとりだ。島影が中春別ジュニアホークスを辞めたことで監督をやる羽目となり、「なんで島影を持っていくんだよ」と恨み節のひとつやふたつも並べたかったが、本人から「すみません」と頭を下げられればなにも言えず、背中を押すことを決めた。

「内心はね、高校の監督をまたやりたかったんだと思うんですよ。そこがまた、部員が5人しかいないところでしたから、本人も大変だとは思ったはずなんです。それでも引き受けたわけですから、こちらとしても手伝えることがあれば手伝おうという感じでしたかね」

かくして「チーム島影」は再集結を果たし、別海は新たな命を宿す。

「お前たちが残してくれた野球部を強くしていく」

新監督が壮大な野望を掲げる。

6人の新入部員が野球部の門を叩いてくれたとはいえ選手は合計10人。やっと単独チームとして試合ができるようになった別海にとって島影の所信表明はさぞ突飛に映りそうなところ、キャプテンの白鳥は不思議と「なに言ってんだ?」と訝しがることはなかったという。

「最初から『君たちをなんとかして勝たせられるチームにしたいんだ』というようなことはいつも言っていたと記憶しているんですよ。だから、『なんとかしてくれそうだな』とは思っていましたね。それよりも、いきなり外部スタッフをたくさん呼んできたことのほうが驚きで。ほかの高校のことは知らなかったんですけど、公立って監督と部長とか先生がコーチするみたいなイメージだったんで、『こういうもんなんだ』とカルチャーショックを受けましたかね」

社会人野球まで経験した外部コーチの渡辺と小澤の指導者は、選手たちにとって新鮮だった。それまでのボールを打つ、捕る、投げるといった基本的な練習から、ムラのないスイングをするためには下半身の重要性が求められ、ボールを正確に投げるためには体の重心の置き方が大事となる。ピッチャーだった白鳥は、渡辺から股関節の使い方や「お尻に体重を乗せたほうが投げるときに安定する」といったような細かいところまで指導を受けた。

指導は細かい。ただ、野球の試合になれば監督の島影は大胆だった。

別海の前監督は送りバントや盗塁を多用するオールドスタイルを好んでいたが、島影は「走れるときに自分の判断で走っていい」と言い、ランエンドヒットなど積極的なサインも出すことが多かった。ただ、これにはちょっとした裏があった。

島影は別海の監督に就任した当初から、「設定タイム」を設けている。走塁ならば、バッターランナーが一塁に到達するタイムを「右バッターは4・2秒以内」「左バッターは4・0秒以内」とし、そのための走塁技術などを島影や外部コーチが指導する。しかし、まだ生まれ変わったばかりの別海野球部にはかなりのハードルの高さだった。島影が言う。

「北海道や全国レベルをまず知って、そこを目標にして練習していかないとずっと低いレベルのままじゃないかな、ということで『ここはクリアしようね』と項目を作ったんです。最初は武修館でもやっていたような、エンドランとか走塁でかき回した野球をしようと思ったんですけど、指導して1週間くらいで『まだそこまでのレベルじゃないな』と。まずはしっかり打つ、バントができる、走れるを最低限のレベルにまで上げないといけないということで、試合では『選手のレベルに合わせた野球をやらないといけないな』と」

島影の回想によると、ピッチャーが投げる生きた球はおろか、投げるタイミング、コースが設定できるバッティングマシン相手ですらエンドランを成功することができないほどだったという。そのため、試合でのそれは「ほぼギャンブルだった」と腹を括るほかなかった。

監督が求める「最低限」まで届かずに迎えた夏。

ゴールデンウィークの練習試合で股関節を痛め、本調子ではないながらも「1番・ピッチャー」としてチームを牽引していたキャプテンの白鳥が粘る。阿寒高等学校、羅臼高等学校、標津の連合チームとの初戦は、終盤まで1点を争う緊迫した展開となっていた。6—7と1点を追う最終回。別海はヒットと相手のエラーなどで1アウト二、三塁と逆転の絶好機を作ったが、スクイズが小フライとなり、ダブルプレーで夏が終わった。白鳥が試合を振り返る。

「自分が不甲斐なかったですね。序盤に結構やらかして、途中からセンターに回ったくらいだったんで。最後のスクイズ失敗は責められないです。自分が点を取られなければよかっただけの試合だと思っているんで」

自分たちの代は捨て石になる覚悟でチームを作ってきた。最後の夏が初戦敗退だったとしても、そこには悔しさよりも単独チームとして出場できたこと、なにより新監督の下で野球ができたことに白鳥は満足しているという。

「3年の春から夏までの短い期間でしたけど、よかったです。島影さんが監督になってくれなかったら、ここまで楽しい野球はできなかったと思います」

試合後、そんなキャプテンは監督から「もったいなかったな。勝てる試合だったけど、最後に弱さが出ちゃったかな」と簡単な会話を交わしている。

なかでも最後にかけられたワンフレーズを、白鳥は信じられることができたという。

「お前たちが残してくれた野球部を、俺が必ず強くしていくから」

新チームの始動。厳しくなった監督

白鳥からバトンを受け継ぎ新キャプテンとなった大坂が、「宝物ですね」とダウンジャケットのポケットから取り出したのは野球ノートだった。

表紙には大きな文字で「北大会出場!!」と題されてある。

「別海高校が全道大会に出たことがあるというのは知っていたんですけど、夏の大会で北北海道大会に出場したことがなかったので。新チームになったときに『北大会を目指そう』とみんなで決めまして」

大坂の野球ノートには、新チームが本格始動した8月のある日、赤い文字で島影のこんなメッセージが記されていた。

〈やっと島影野球のスタートラインに立てたと思います。ここからが勝負!! 一緒に頑張りましょう〉

大坂も前キャプテンの白鳥と同じように、島影が大々的に打ち出した「3年で全道大会」「5年で全道勝利」「10年で甲子園」を信じられることができたという。

「監督が武修館で実績を残されたことは知っていましたし、当時はさすがに甲子園に行けるようなチームではありませんでしたけど『監督についていけば』という期待感はありました」

それは大坂のみならず、チームの総意でもあった。だからこそ、新チーム始動時に島影から「俺はここから本気でやるからな。覚悟はできているだろうな?」と決意を問われると、部員全員が「やります!」と応じた。

二重人格。

高校を卒業して6年が経った今も、大坂たちはそう言って監督をいじる。それほど、島影の指導スタイルが一変したのである。武修館時代、いやそれ以上に厳しい島影となったのだ。

新チームが始動した夏。白鳥たちが引退するまでは「怒ったところを見たことがない」と部員たちが口を揃えるような監督が、ウォーミングアップから目を血走らせている。「野球は柔軟性が大事だ」と、開脚で頭が地面に着かなければ10キロのロードワークを命じられる。それまでなら「どんまい」で済まされていたようなプレーでも、ミスをすれば何度も何度も反復練習を課せられた。夏休み期間中は朝7時から夜7時まで。12時間、みっちり鍛えられる。

それだけではない。島影は野球以外の振る舞いにこそ、目を光らせていた。

挨拶をしっかりする。グラウンド整備を怠らない。試合では相手チームに敬意を払う。それはまさに武修館時代から掲げる「野球部の心得」であり、別海の監督になってからも継続していることだった。大坂は述懐する。

「覚えているのは、今までの先輩って遠征に行くと一番うしろの席でふんぞり返って、道具出しとかも後輩に任せているような人が多かったんです。監督は『それは違うだろ。上級生こそ前の席に座って、すぐに道具を出すくらいじゃないと後輩に示しがつかない』と怒られて。そういう目配り、気配り、心配りを大事にされていました」

それでも、すぐには勝てなかった。練習試合に負け、怒られる。課題を整理して練習をしても、また負けて叱責を受ける。そのループだった。

「夏休みの間だけでも、ほかの高校と遜色ないくらいの濃さで練習してきたつもりだったんですけど、それでも勝てない。勝てないと監督から怒られる。あの頃はまだ自分たちの気持ちが弱かったんで、相手というより監督と戦っていたように思います。『怒られないように』って」

新チーム始動時に約束したように、「監督についていく」と改めて胸に刻んだ出来事がある。練習試合は連戦連敗。そのなかでチームにとってショックだったのが、頻繁に手合わせをしている隣町の中標津との練習試合に2試合連続で大敗したことだった。その試合後、打ちのめされた選手と監督は泣きながら「これからどうしていくか？」を話し合った。

ついていくと決めた以上はついていく。キャプテンの大坂にも再び覚悟が芽生える。

「同じ管内のチームに徹底的にやられたことは本当に悔しくて。前の指導者というのはそうじゃなかったなかで、島影監督は厳しいですけど情熱を一人ひとりに向けてくださる方なので、『もっと頑張らないと』とは思いました」

夏休みが終わってからも監督の厳しさは続いた。ただ、それまでと大きく変わったのは選手の意識だ。やらされるのではなく、やる練習を遂行するようになっていた。

「そこまでやらなくてもいいんじゃない？」

冗談半分で監督が愛想を尽かしたふりをすると、「なんでそういうこと言うんですか？」と真っ先に向かってきたのが大坂だったと、島影が目を細める。

「大坂って、ほかの選手から『イエスマン』って言われていたんですよ。普段は監督の言うことにはいはい反応するから。でも、ふたりだけで話すとちゃんと自己主張できるんですよ。決して反抗的だったわけじゃないんです。しっかり意見を言ってきたのは歴代のキャプテンでも大坂くらいかな、とは思いますね」

9月。秋の支部予選の初戦で中標津に2－9で敗れた別海は、春に向けて再スタートを切っていた。そんなある日の野球日誌に、大坂はこのような意見を島影にぶつけている。

〈ベンチから見ていて感じたことは、全員がなにを考えているのかわからず、なんとなくグラウンドに立っているようにしか思えませんでした。自分たちになにができるのかなどの工夫がなく、成長が見られませんでした。全員が野球に対して本気で取り組まないと来年も勝てないし、田舎の高校で終わってしまいます。この辛い時期を乗り越えて、絶対に上を目指せるだけのチームを作ります〉

これは一部であり、実際のノートにはピッチャーやバッター、ランナーとプレーに対する課題が細かく記されてあった。

大坂の気概を受け取った島影も、赤字で自らの想いを綴っている。

〈私が見てきたキャプテンでも3本の指に入ります。野球が上手とかではないところに良さがあります。ひとりで抱え込むのではなく、周りをうまく使ってください。

〝いい加減が、良い加減〟。（武修館の）監督1年目、『全部、自分がやらなければダメなんだ』と思い込んでいたときに、（バンクーバーとソチ）パラリンピックの金メダリストである狩野

〈亮〉選手のお父さんが私に言ってくれた言葉です。やるときはやる‼ 抜くときは抜く‼ 人生はメリハリが大切なんです。これから、まだまだ辛いことがあります。脱落者が出ないように気配り、目配りをしましょう〉

下手なりに、愚直に。

別海野球部は、一歩ずつ、着実に前へと進もうとしていた。

7回コールドで敗北した初めての「古巣対決」

北海道の長い冬を前に「協力者」たちも動き出す。

農機具の修理などを行う会社に勤務し、手先が器用な鎌田がグラウンドのライトの取り付けやバッティングケージのネットの修繕を請け負う。それらはもちろんボランティアで、島影との知己のよしみで「野球部にお金がないんで」と言われてしまえば断れない。それどころか、会社で使わなくなった旧型のジェットヒーターを提供するほど協力的だった。

冬を迎えるにあたって急務だったのが、ビニールハウスを練習ができるように整えることである。まず、ほぼ物置と化していた室内を広くすることが先決だった。島影が監督となってからの父母会はキャプテンの親が会長を務めることとなっていた。別海町役場勤めである大坂の父親と同僚だった松田の父・勝広が「ふたりだけじゃ無理だよね」とほかの保護者にも呼びかけ、休みの日などを利用して少しずつ整備していったという。

「島影さんが監督になった年の秋からやろうとなったんだけど、最初のうちはキャッチボールどころかバッティングをするスペースもありませんでしたから。まあ、簡単に言えば荒れていたんで、まずはそこにある物で使えるものは残して、捨てるものは捨てて。そこから土を整備して、ネットを張って。それを、素人の父母会でやりましたからね」

苦笑いを浮かべながら思い出話をする勝広は、グラウンドに訪れると1年生の息子・恵永を見守りながら、「話には聞いていたけど、やっぱり監督の指導は厳しいな」と感じていた。

「言葉に語弊があるかもしれないけど、昭和の野球っていうのかな？　もちろん手は出さないんだけど絶対に妥協しないっていうか、ミスには特に厳しかったかな。自分は親だから細かいところまでは見ていないけど、試合とかを見ている限りでは『厳しいなぁ。選手たちはついていけるんだべか？』って心配はありましたかね」

当時の別海の素振りは素手だった。プロ野球の往年のスラッガーである落合博満や松井秀喜などが、自分の手の感触やスイング時の感覚を大事にするためにバッティンググローブを着用しなかった時期があったように、この理論を「昔だから」と完全に否定することはできない。

ただ、実際に体験した人間であればわかるが、手のひらのマメが潰れた状態でバットを振れば痛い。それどころか、まともにバットを握ることすらままならない。冬になればなおさらきつく、バットを1回振るごとに雪で手を冷やし、またバットを振る。別海の選手たちはそうやって素振りを乗り切っていた。

「もう、辞めます」

シーズンオフにそう切り出したのは、サードを守る1年生の深川颯だった。彼と仲がよかった同学年の松田や外石雄大が必死に説得をする。後輩から深川の悩みを伝え聞いた大坂たち2年生もひざを突き合わせて話し合う。

「お前の気持ちもわかるけど、辛いのはみんな一緒なんだし、自分たちで決めたことじゃん。今まで頑張ってきたんだからやり遂げよう。絶対にいいことがあるから」

練習を中断して話し合い、時には1日中ミーティングをした日もあった。深川の心を繋ぎとめることが主目的ではあったが、彼らは自分たちを奮い立たせる意味でも言葉を重ねていた。その想いは深川に伝わり、「続けます」と顔を上げてくれた。

チームに団結力が生まれる。だからといって、それが成果へと結びついたわけではなかった。

春の支部予選。長いシーズンオフを乗り越えた大坂たちには自信があった。釧路明輝との初戦を前にしたシートノックでも全員の動きが軽快で、萎縮している者は誰もいない。だが、ピッチャーの山中涼が相手打線に掴まると立て直せず、2—11と大敗を喫した。

「このままじゃマズい」。グラウンドに戻るとすぐに監督とのミーティングで課題を洗い直し、また厳しい練習に没入していく。自信を得るまでの結果は皆無に等しかったが、前年の夏にあったような「監督と勝負する」という心の弱さは完全に払しょくされていた。

大坂がチームの成長に手応えを示す。

「春は確かに不甲斐ない結果だったんですけど、チームはそこにしっかりと向き合えていましたし、相手と勝負できるようになっていましたね。夏が近づくたびにみんなの結束力も高まって、『北大会にも出られるんじゃないか』って雰囲気にはなっていました」

心が変わった選手たちを、島影も鼓舞する。

「甲子園に出られたら、町がひっくり返るぞ。やってやろうじゃないか！」

17年夏。別海は支部予選の初戦で阿寒、釧路東、釧路商の連合チームを相手に初回から3点を挙げる上々のスタートを切る。春に崩れたエースの山中もゲームを引き締め、12―0の5回コールドで快勝した。このカードは2回戦だったことから、次の試合に勝てば目標の北北海道大会への出場が決まる。その大一番の相手が武修館だった。

島影にとって初めての「古巣対決」。武修館は春の全道大会ベスト8で、エース左腕の石田圭樹をはじめ川崎冬馬、石橋翔の「140キロトリオ」を中心とした投手力で、甲子園出場予想のダークホースにも挙げられる強豪である。釧根支部でも群を抜いた力を誇る相手ではあったが、大坂たちは「監督のためにも勝たないといけない」と結束を固めていた。

「監督が武修館を辞めたいきさつとかも聞いていたんで、自分たちが勝って北大会に出れば恩返しできるんじゃないかと思っていたんですけど」

その壁は、あまりにも高かった。

初回にいきなり2点を奪われ主導権を与えてしまうと3回にも2点を追加された。その裏に1点を返すのがやっとで、１４０キロトリオを含む４人による継投によって別海打線は封じ込められた。ピッチャーの山中は３本のホームランを許すなど14安打９失点。７回コールドで大坂たちの夏は終了を告げた。

二重人格と選手に恐れられるほど厳しさを前面に出してチームを叩き上げ、別海野球部の礎を築いた。それでも、島影は今もこの年への悔いを残す。

「大坂の代から本当に厳しくしましたし、あいつらも辛かったと思うんですよ。でも、最後まで誰も脱落することなくついてきてくれたどころか、最終的には『もうそのくらいにしておけよ』と自分が言っても練習を続けるようなやつらだったんです。そんなチームを全道大会まで連れていけなかったことが、本当に残念だったなって」

武修館に負けた大坂は泣いた。ラストミーティングで監督がなにを伝えてくれたのか思い出せないほど泣きじゃくった。

覚えているのは、たったひとつ。

ミーティングが終わってから食べた、島影が決戦当日の早朝に思いを込めて作ってくれたホットシェフのかつ丼の味だった。

19年ぶりの全道大会出場

大坂たちの世代が引退してからも島影は厳しかった。新チームが始動する夏は他の都府県と同じく北海道も暑く、選手たちは連日音をあげたくなるような練習をこなしていたが、その裏で島影はしっかりとフォローを入れている。

「恵永をキャプテンにすることにしました。これから今まで以上に辛いだろうし、いろんな悩みが出てくると思いますけど、そこをご理解いただけると嬉しいです。どうか辞めないように見守ってあげてください」

島影からそう告げられた父の勝広は、「監督は周りが見えている人間なんだ」と思った。

「息子たちが最上級生になると、またチームを見る目も変わってくるというかね。キャプテンってどうしても怒られ役になるから親としては見ていて辛い部分はあるんですけど、監督からそう言っていただけると信じられると言いますか。恵永も『厳しい』とか『辛いなぁ』とか節々でそんなことを言ったりもしていましたけど、息子を野球部に預けた身としては『頑張れ』と」

別海の父母会が活発に動くようになったのもちょうどこの頃からだ。会長となった勝広が音頭を取ってビニールハウスの本格的な修繕作業に取り掛かり、必要経費がかさむようなら可能な範囲で部費の増額を取りまとめることもあった。チームと父母会、鎌田たちをはじめとする地域などとの強固なパートナーシップは別海の伝統となっていく。

親の支援を受けた恵永たちのチームは、17年秋の釧根支部予選で釧路北陽に10―3、弟子屈高等学校に11―1と大勝し代表決定戦までコマを進めた。釧路明輝戦でも0―0のまま延長戦に突入する緊迫した試合を演じたが一歩及ばず、0―1で敗戦した。世代にとってこの秋が最高成績となり、夏は支部予選で再び釧路明輝に2―14で敗れた。

恵永には2学年下の弟・晃汰がおり、上林海那斗がキャプテンだった次の世代も秋春夏すべてで支部予選初戦敗退と結果を得られなかったが、この世代は晃汰をはじめレギュラーメンバー9人のうち6人が2年生だった。監督の島影も「僕が別海に来て見たなかでも1、2を争うチーム」と評するほど成熟していくのが翌年である。

秋の支部予選。獅子奮迅のパフォーマンスを披露したのはエースの西川瑠恩だった。初戦で釧路湖陵を2失点完投すると波に乗り、続く釧路北陽との試合では完封勝利。かつて「釧路4強」と呼ばれ、別海の大きな壁として立ちはだかっていた両校を撃破してもおかしくないチームとなったのである。そして、白糠高等学校、釧路明輝、弟子屈、阿寒、根室、標津と6校による連合チームとの対決となった代表決定戦では、これまでのエースの好投に打線が応える。なかでも気を吐いたのがキャプテンの坂本晴斗だ。6回に放った決勝タイムリーツーベースをはじめ5打数4安打1打点。最後は自らがショートゴロを捌いて、歴史的な勝利を飾った。

大槻バッテリーで初出場を果たしてから19年。島影が就任して3年半。少しばかり遅れたものの、「3年で全道大会出場」の第一関門を見事に突破したのである。

別海にとって2度目となる全道大会では、再び北海道の壁の高さを教えられた。東海大札幌との初戦、打線は相手先発の板垣翔大に翻弄され1安打9三振。支部予選で3試合連続完投だった西川も、7回まで1失点と粘りのピッチングで持ちこたえたが8回に一挙6点を失い、0―7のコールドで散った。結果的に大敗だったが、島影は下を向かなかった。

「このチームは、これからが楽しみだ」

物事がうまく運んでいるときに限って水を差されるのは世の常である。全道大会出場を果たし、第二関門である「全道初勝利」に意欲を燃やしていた矢先、新型コロナウイルスの感染拡大によってその道が閉ざされてしまう。

選抜の中止を皮切りに、春はすべての都道府県の公式戦が取りやめとなった。夏も甲子園の選手権大会、それに伴う予選が失われてしまったが、各高野連の尽力によって独自大会という形式での大会が開催され、別海も参加した。しかし、支部予選で釧路北陽に1―2で敗れた。

島影が「これは言い訳なんですけど」と前提を述べた上で悔恨を綴る。

「コロナ禍はみんな大変だったのは間違いないんですけど、田舎こそ周りの目が厳しくて本当に練習できなくて。全道に出られた世代だっただけに、かわいそうなことをしてしまったというか。まあ、僕の力ではどうにもできなかったんですけど」

武修館に大敗し、チームが崩壊

混乱は、なおも続く。

世界中を巻き込むパンデミックは、約1万4000人の町の神経を尖らせる。少しでもグラウンドに人の姿が見えようものならば、すぐに学校へ通報される。野球関係者から「釧路は少しずつ練習しているみたいだよ」と言われ「じゃあ、うちもちょっとくらいなら」と野球部の再始動を整えようとすると、学校から「釧路市内と根室管内は違う」とストップが入る。

そんな日常が当たり前となり、チームのストレスは蓄積されていった。

グラウンド外でのマスクの着用やこまめな消毒、対人でのソーシャルディスタンスの確保。徹底した感染対策を施した上で開催された秋の公式戦。別海の相手は武修館だった。前チームからのレギュラーは、当時はセカンドで新チームからはエースとなった鎌田拓寿のみで下級生が中心だったが、まとまりのあるチームだった。いくら強豪が相手とはいえ、島影は「いい戦いができるんじゃないか?」と分析できていたほどである。

そんな淡い期待は、無残にも打ち砕かれた。

9月10日、天候は雨。グラウンドコンディションが芳しくないなか行われた試合は、先発の鎌田がいきなり3点を失う苦しいスタートとなった。目先を変えるべく、島影は2回に上林波緒をマウンドに送るがさらに相手の猛攻にさらされ5失点と、チームはますます飲み込まれていった。最終的なスコアは0―18。5回コールドの惨敗だった。

この大敗は、チームに大きな影を落とした。

島影が武修館の監督だった10年夏の準優勝メンバーで、17年から別海の外部コーチとしてチームに携わるようになっていた大友は試合後、電話で恩師の嘆きを初めて聞いた。

「もう無理だ……辞めるわ」

大友が島影から別海の外部コーチとして誘われ、引き受けた一番の理由は贖罪だった。もし、10年夏に武修館が甲子園に出ていれば、島影は学校から辞めさせられることはなかったはず。その原因を作ってしまっただけに、協力できることがあればなんでもしようと思っていた。大友が来た当初の別海は大坂がキャプテンの発展途上段階で部員も少なかった。ただ、彼らは厳しくされても食らいつく根性と向上心があった。よくふたりで「こいつらをなんとか勝たせてやりたいな」と話し合っていたほどで、大友も別海の指導にやりがいを感じていた。

だからこそ、監督の失意は痛いほどわかった。

「僕はその試合を見られなかったんですけど、結果を見れば監督が落ち込むのも当然だなって。このときのチームって選手に力があったし、新チームが始まったばかりの秋だから『そこまでやられないだろう』とは思っていたんですね。そうしたら、あの大敗で。ましてや自分の母校で、監督もやった高校にコテンパンにやられたわけですからね。相当、心はきつかったのかなと」

このとき、大友が島影にかけられる言葉は、ひとつだけだった。

「もう1回、ゼロから頑張りましょう」

武修館に大敗したチームは、大友が言ったようなゼロからどころか、マイナスからの再スタートを切ることとなった。

監督も選手も、まだ心の整理をつけ切れていなかった。

「あんなにきつい練習をしてきたのにボロ負けして。これだけやっても勝てないなら、練習する意味ないじゃないですか」

監督の懊悩を知らない2年生部員が不満をぶつける。

「いいよ。辞めれば」

島影も冷淡なほどにやり返す。

場の空気が一気に重くなる。負の重力を得てしまった雰囲気は沈む一方だった。

「甲子園に行くと毎回言ってはいるけど、それは俺の想いであってお前たちに押し付けるものではないよな。厳しいのが嫌なら楽しくやればいいんじゃない。それで、たまに全道大会に出られるレベルで満足なら、それでいいよ」

さらに突き放すように言葉を並べる監督に反応したのが、下級生たちである。

「それは違う！」

混乱は収拾がつかなくなっていた。結局、監督に異議を唱えた部員は辞め、2年生で残されたのは島影が中春別ジュニアホークスでコーチをしていた時代の教え子である鎌田ひとりとなり、キャプテンが辞めたことでその任に就くこととなった。

唯一の3年生が獅子奮迅。初の北北海道大会出場

鎌田が別海に入学する前からグラウンドの修繕など協力を惜しまなかった父の正勝は、チームが空中分解してしまった責任を背負う息子を黙って見守るしかなかった。

「『自分の責任だ』という想いは強かったと思うんですよ。でも、そこで落ち込むというよりは吹っ切れたというか、今まで以上に野球に打ち込むようになったと思います」

4歳年下の弟・侑寿紀は、「練習はきつい」と言いながらも愚痴を漏らすことなく高校野球に励む兄の姿を間近で見てきた。

「帰ってくるのはいつも遅くて、夜の8時前くらいまで練習していたように思います。拓寿が帰ってこないと夜ごはんが食べられないんで、『こっちは腹減ってんのに、なかなか来ねぇなぁ』って思いながら待っていましたね」

そんな鎌田が引っ張るチームが、明らかな変貌を遂げたのが春である。

鎌田が3年になる21年に新卒として別海の部長に就任した高山善亘は、函館市の出身ながら

「北見あたりの高校かな?」と別海についてよく知らなかったという。岩手大学で学生監督も経験し、プロ野球選手を数多く輩出する富士大学や八戸学院大学も加盟する北東北リーグを見てきた高山が、別海のグラウンドに初めて訪れた第一印象は「人数が少ない」だった。

「まだ新入生が入る前だったんで、部員が11人だったんですね。3年生はキャプテンの鎌田だけでしたし『選手同士でポジション争いするとかはないよな』とは思ったんですけど、みんな素直で練習熱心で。監督が挨拶とかの礼儀をしっかり指導されていたので、『高校生らしいチームだな』という印象は受けましたね」

高山の、予備知識のないまっさらな目に映った別海は、前年秋に起こったようなゴタゴタを感じさせないほどまとまりを取り戻していた。それどころか、練習試合になれば遠軽や士別翔雲高等学校といった、別海よりも格上とされる高校にも勝利するほどの強さを身につけていた。

「キャプテンの力になりたい」

これが、この年の原動力だった。秋に惨敗の一因を招いてしまった上林や榧木伊吹を中心とした10人の2年生たちが奮起する。6月にはよりチームに実戦経験を積ませようと、卒業したばかりのOBたちも時間を見つけては練習相手になってくれた。

監督が投げかけた匙を、キャプテンが手にする。

ひと筋、またひと筋と見えづらいところから情熱のかけらを拾い上げ、チームという器に注ぐ。そのひたむきな姿に共鳴した者たちが、自らの熱をそこに加えていく。このときの別海は、情熱で煮えたぎっていた。

そんな選手たちの和に触れるたび、父・正勝の目頭が熱くなる。年月が経とうともその声は震え、喜びが言葉となる。

「秋に2年生が最後のひとりになって『野球ができるのかな?』と心配していたなかで、後輩たちの『なんとかしたい』という姿勢がものすごく伝わって。最後の夏を迎える時期なんかもう、本当に嬉しくてね」

夏。3年生部員はもう、孤独ではなくなっていた。

支部予選で釧路商、白糖、標茶、弟子屈、阿寒による連合チームに10—0の6回コールドで勝利すると、釧路江南との代表決定戦では5回まで4—4と緊迫した展開ながら先発の鎌田が粘り、6—4で退けた別海が初の北北海道大会出場を決めた。「全道初勝利」を懸けた稚内大谷高等学校との試合では、1点を先制された1回裏に2点を挙げ逆転するも、2回以降も毎回得点を許してしまい3—10の8回コールドで敗北した。

再び全道の壁は打ち破れなかったが、監督の島影は満足げに言った。

「あの夏は鎌田の意地です、意地。そこに後輩たちが乗っかってくれたんですよ」

上が下を支えるだけでなく、下もまた上を支えている。

そんな別海を築いているのは、間違いなく監督の島影である。厳しさには明確な理由があり、相手を突き放しているようで裏ではフォローを欠かさない。

だから、彼のもとには人が集まる。付き合いの古い正勝が断言する。

「普段から選手にかける言葉はきついところがあるし怒ることも多いんだけど、信頼されるだけのものがあるってみんなわかるからついてくるんです。だって、全道大会に行くとほとんどのOBが応援に来ますからね。本当に嫌いなら来ないですよ。そこがあいつの人徳だし、根本的な教えというのは間違っていないんだなって思います」

鎌田が引退して迎えた新チームは、秋の支部予選初戦で釧路工に2―5で敗れた。

結果は出なかったが、学年唯一の部員となっても情熱を燃やし続けた鎌田の意志は受け継がれ、椎木がキャプテンとなったチームは島影が認めるほど結束力の強いチームとなっていく。

22年春。そんなチームに、別海の歴史を変える選手たちが入学した。

白球フロンティア

第3章
「導かれた青年たち」

別海町から強豪・仙台育英に進んだ逸材

根室中標津空港からレンタカーを借りる。別海町までは50分程度で着いたかと思う。その間、道路を曲がったのは1回か2回しか記憶にない。そこで須江航は、改めて「北海道って広いんだな」と実感させられる。

２０２１年10月。仙台育英学園高等学校の野球部監督である須江が、拠点とする仙台市から道東の別海町まで足を運んだのは、気になる中学生がいたからだった。かつて同校の系列である秀光中学校の軟式野球部で監督をしていたことから中学野球のネットワークも広く、「別海中央中に佐々木というすごいいい選手がいる」と情報を仕入れ興味を抱いたからである。

須江が佐々木広太郎を知った21年はコロナ禍の真っただ中であり、どの試合会場もチーム関係者以外となると保護者くらいしか入ることを許されていなかった。

「だから練習会場まで行って、遠くから見たんです。執念を燃やしました」

２か月前の８月。須江は佐々木を視察するために全国大会が開催される千葉へ向かった。人混みを避けた場所からお目当ての選手を見る。距離にすれば50メートルほどだっただろうか。それでも、噂の佐々木の素質はひと目でわかった。中学生の時点で身長はすでに１８０センチ近くあり、体つきもがっしりしている。ピッチャーもやると聞いていたが本職はキャッチャーで、須江が見た場面ではピッチングをしていなかったが、それでも十分だった。

どう考えてもピッチャーだ――須江に戦慄が走った。

「『この子、同じリリースポイントで投げられるんだな』と。体が大きいのに指先の感性は繊細で、同じコースに投げられるだけの能力があったんですね。それはキャッチャーとしてプレーしているだけでもわかったんで『ピッチャー一択だな』と思いましたね」

大会後、別海中央中への正式な手続きを経て、10月に別海町を訪れた須江が「仙台育英に進学してほしい」と意志を伝えると、佐々木の両親からすぐに連絡があった。ふたりによると、父親が宮城県の出身で「地元にはおじいちゃんもいるし、安心して預けられる」とスムーズに話が進んだ。

それは、佐々木本人にとっても願ってもいないオファーだった。

別海中央中の仲間たちは「地元の別海に行こう」と話し合っていたが、佐々木は「強いチームでやりたい」と以前から願望を固めていた。生まれたときから双子のように育ち中学までチームメイトだった従姉妹の堺暖貴は、〝兄弟〟についてこう語る。

「『強い学校に行くんだろうな』と思っていました。広太郎はもう、バッティングもすごかったですけど、ピッチャーとしてもいいボールを投げていたんで、強い高校に行ったとしてもどっちでも通用するだろうなって見ていましたね」

実際に札幌地区や室蘭地区の強豪校から声もかかっていたが、仙台育英の監督は他とは違うアプローチで佐々木を求めてくれたのだという。

「高校の監督はプレーをすごく褒めてくれて『来てほしい』みたいに声をかけるイメージがあって、自分にもそういう感じだったんですけど須江先生は違っていて。その場でアドバイスしてくださったんですね。自分は野手も兼務していたんで、ピッチングだけじゃなくてバッティングも見てくれて。『先を見据えたら、ここが絶対に成長できる』って仙台育英一択でしたね」

佐々木の選んだ道は正しかった。

入学した22年の夏に仙台育英は東北勢で初めて全国制覇を果たした。自身も翌年の選抜でベンチ入りし、甲子園のマウンドに立てた。

その1年後。別海中央中時代のチームメイトが自分と同じ舞台でプレーした。

エースの堺をはじめ千田涼太、寺澤佑翔、金澤悠庵、橋本流星。ともに中学3年時に全国中学校軟式野球大会と全日本少年春季軟式野球大会に出場した元チームメイトが、別海で甲子園の土を踏む姿を自然に受け入れられていたと、佐々木は言う。

「あいつらなら、行けるところまで行くだろうな、という気持ちでは見ていました」

選手の素質を見抜いた中学の青年監督

小学校からピッチャー兼キャッチャーだった佐々木が別海中央中でキャッチャーを中心に守

るようになったのは、当時、監督を務めていた山形翔平の構想によるものだった。格が違う。

中学で初めて佐々木を見た山形は心の中で唸った。それは野球のプレーではない。入学当時から身長は173センチあり、体重も80キロという恵まれた体躯に目を奪われたからだ。

「技術は磨けばどうにでもなると思っていますけど、フィジカルはそうはいかないじゃないですか。彼は野球も上手でしたけど、それ以上の誰にも真似できない体型があったので」

山形が佐々木にキャッチャーをメインとさせたのは、もちろん彼の体格だけでなく能力によるところも大きい。

中学野球とは「点が入らないスポーツ」と言われている。反発力が高い硬式ボールより、ゴム素材の軟式ボールはバットの芯で捉えない限りはそうそうオーバーフェンスはあり得ない。したがって、ピッチャーはストレートや変化球を駆使してどんどんストライクゾーンを攻めてくる。肩が強く、送球も正確な佐々木がキャッチャーをすることで、バッターに出塁され盗塁を仕掛けられてもアウトにできる確率が高くなると山形は睨んだ。それは、監督としてチームを勝利へと導くための最適解のひとつでもあった。

「中学の軟式だとなおさらキャッチャーが大事かな、と思っていたんです。ピッチャーは複数人、作れるかもしれないですけど軸となるキャッチャーってそうそう育てられないんで。しかも、佐々木はバッティングもすごく得意な子だったので練習試合では内野をやらせたり、外野で出したりもしていました。練習中もキャッチャーで固定せずいろんなポジションをやらせることで、『守備の気持ちもわかるプレーヤーになってほしい』と」

佐々木が仙台育英の監督である須江の目に留まるほど成長するなど、別海中央中が成熟していく過程で山形の指導方針は大きな役割を果たしていた。

別海町の隣町である標津町の出身。中標津時代はストレートの最速が143キロと界隈では名が知られる右腕で、北翔大学に入るとそのスピードは146キロまで伸びプロも狙えるほどだった。不運なことに上り調子だった3年に故障したことで夢を断念し、教師への道を選んだ。

その山形が別海中央中の監督となったのは、ちょっとした偶然が重なったからだという。大学卒業時点で教員採用試験を突破できなかった山形は、産休などの事情によって長期休暇に入る教員の替わりに常勤する「期限付き教員」という枠で赴任した。その頃にちょうど野球部の顧問も不在だったことから、経験者の山形がチームを受け持つこととなった、という流れだ。

いくらプロを狙えるキャリアがあったとはいえ、指導者としてはスタートしたばかりである。しかも、自分と同じタイミングで入学した佐々木や堺、寺澤、千田、金澤らは地域でも強豪で知られる別海中央ジュニアイーグルスの出身で、周りから「この子たちうまいから指導が大変だよ」と釘を刺され、実際に試合で負ければ采配を問題視されることもあった。

「中学も『勝たないと言われるんだ』と思いましたし、同時に『この子たちをどうやって次の段階に上げていくか?』と。チームを勝たせなくてはいけないんですけど彼らは僕の所有物ではないので、中学で終わらせるような指導をしてはいけないと思っていました」

そして山形は、佐々木のように選手の個性を生かしながら、多角的な可能性を見出していくような指導に舵を切っていく。

監督が〝やんちゃ軍団〟の個性を伸ばし全国大会出場

のちに別海中央中のキャプテンとなる寺澤は、山形について「バッティングも守備も指導が的確で、教えてもらうとすぐにプレーができるようになるんです」と振り返る。

「あと、ちょっと先生には失礼なんですけど……」

加えてバツが悪そうにこう切り出す。

「若い監督さんだったんで自分たちとの距離が近かったというか。表現が正しいかわかりませんけど、友達みたいな感じで接することができたんで、そういう部分も自分たちの野球と噛み合ったっていうのもあるのかもしれないです」

寺澤が恐縮しながら話していたことを山形に伝えると、「あ、そうなんですね」と穏やかに笑いながら自分が受け持った選手たちの気質を解説する。

「基本、みんなわがままです。『4番を打ちたい』とか。僕も若かったので未熟なところはたくさんありましたけど、彼らが気持ちよくプレーできるための環境を作る役割だと思っていましたし、そこにしっかり意図を付けられるようにしていました」

わがままとは、言い換えれば自己主張の強さだ。スポーツにおいて「俺が、俺が」という前のめりな姿勢は、時に向上心を生む重要なファクターにもなる。

当時のチームにおいて、その代表格が千田だった。

中学当時は170センチにも満たない身長で、佐々木ほどパワーがあったわけではない。その千田が「4番を打ちたい」と志願すると、山形はそれに応えた。理由はこうだ。

「中学のときから人懐っこくていたずら好きで、いつもおちゃらけているような子なんですけど、実は気が小さいところもあるんです。彼の場合、セカンド以外はあまりやらせなかったんですけど、それは自信を持っているところ以外をやらせるといっぱい、いっぱいになるんじゃないか？　と思ったからで。その代わり、『4番を打ちたい』みたいに自分から言ってきたことをやらせると力を発揮するんです。野球の能力の高さはチームでも1、2を争うレベルだったので、そこを生かしたいな、と」

そんな千田とは対照的に、万能性を見出されたのが橋本である。

基本は外野だが内野も守れる。佐々木を様々なポジションに就かせていたように、選手を固定しない山形にとって橋本は貴重な戦力だった。

「橋本はなんでもできるあまり、器用貧乏になってしまいそうだなって心配もあって。こちらが提示したことをひたむきに頑張って吸収しようとしてくれる選手だったので、僕もそこに応えるために彼の場合はポジションを結構動かしたんですけど、最終的にその器用さを武器にしてくれるような選手になってくれました」

このように、山形は選手の適性を見極めるだけでなく、性格も考慮した上で対話も重ねていくことで、一人ひとりの潜在能力を高めさせていったのである。

高校に入ってからピッチャーとして開花することとなる堺もそうだった。

別海中央ジュニアイーグルスで野球を始めた頃から野手で、中学でもファーストがメインだった。当時はピッチャー未経験で、山形が試しに投げさせてみるとコントロールはいいが球威が足りなかった。そこでピッチャー出身である山形が目を凝らしながら指導していくと、堺はもともと腕が横から出ていることに気づく。そこで「ちょっとサイドで投げてみなよ」とアドバイスし、それまでのオーバースローからサイドスローへと転向させたことでボールに力も加えられるようになっていったというのだ。

「彼にも試合で投げてもらうようになったのは、単にピッチャーの頭数を増やしたかったからではなくて、性格を考慮したからです。かなりの負けず嫌いで、一度マウンドに上げたら、こちらが『代えるよ』と告げても『絶対に降りたくない！』と頑張って投げるような根性があったんですね。だから、性格的にはピッチャーなんです。中学はエースではなかったんですけど、『この子は高校に入ったら伸びるな』と成長を楽しみに見ていましたね」

この堺や佐々木らを押さえてエースだったのが金澤である。

界の潜在能力はまだ開花しておらず、佐々木ほどの技術やフィジカルに長けているわけでもない。だが、金澤には他の投手陣が持ち合わせていない大きな武器があった。

それは、いかなる場面でも安定したパフォーマンスを出せるメンタルなのだと、山形は言う。

「マウンドって『孤独』と言われるじゃないですか。実際、そうなんですね。チームが勝っていたり、ピッチャー自身の調子がよかったりすればそれも気にならないんでしょうけど、そういう試合ばかりではないんで。そこで金澤のような孤独でも黙々と投げ、大崩れしない存在というのはとても貴重なんです。しかも、当時のチームはやんちゃ坊主たちの集まりだったので、そういうなかで金澤がマウンドにいてくれるとみんな安心できるし、そこで勢いに乗れれば、あとはほかの選手たちがリードしてくれるわけですからね」

わがままで、やんちゃ。そんな個性的な軍団を牽引したのが寺澤だった。

プレーヤーとしては、広い守備範囲や打球に対する判断力が抜群だったこともあり迷わずセンターに固定した山形は、むしろキャプテンとしての振る舞いにこそ多くの注文を与えた。チームの雰囲気がよくないときに声が出ていなければ真っ先に寺澤を注意する。少しでも言い訳をしようものなら「そんなんでキャプテンが務まるのか？」と叱責することもあった。

「言ってもまだ中学生ですから、言い訳したくなるじゃないですか。でも、寺澤に関してはキャプテンとしてそういう振る舞いをしてほしくなかったので、厳しいことを言ったかもしれませんね。分かり合えるまで、とことん話し合えたかなとは思っています」

監督と選手。未熟者同士が胸襟を開いてぶつかり、気持ちを通わせる。個性的な集団となった別海中央中は寺澤たちが3年になった21年に2度の全国大会出場を果たす。

進路のとき。チームの中心メンバーのひとりだった安井泰二郎が提案する。

「別海高校に行かない？」

自分たちの中学校と隣接する場所にある、町唯一の高校。金澤などほかの高校から誘われている選手もいたが、安井からの誘いに賛同したのが堺たち5人だった。千田に至っては1歳上の兄・晃世が別海野球部に在籍していたこともあり、むしろ歓迎していたほどだ。

「晃世から話を聞いていたし、何回か練習を見学させてもらったんですけど『雰囲気がいいな』と思っていたんで、ベッコウ（別海高校）に行こうって」

最終的に言い出しっぺの安井が、両親と相談したうえで立命館慶祥高等学校へと進学先を変更してしまうイレギュラーはあったが、精鋭たちは別海に集まろうとしていた。

彼らが自分たちの意志で進路を決めたように、ほかの中学から別海へ進む者も同じである。それは、監督の島影隆啓が「中学生を勧誘しない」と決めているからだ。

「僕の指導が『厳しい』というのは、自分でもわかってるんです。なので、スカウトをして来てもらったとしても、『練習がきついので』と辞められるのが嫌なんです」

スカウトはしないが、高校の練習会に参加してくれた選手や中学の部活動説明会など公の場では「中学以上に練習は厳しくなりますし、学校生活もちゃんとやらないと怒ります。それでも来てくれるのであれば歓迎します」と伝えている。

〝島影一期生〟でキャプテンだった大坂大和や千田の兄たちがそうであるように、別海中央中から多くのOBが島影の薫陶を受けてきた。彼らだって「高校では厳しくなる」と伝え聞いているためわかってはいるのだ。それでも、みんなで心を通わせるのは「ここなら、もしかしたら」と思わせるだけの期待感があったからである。

全道大会。その先に広がる大海、甲子園。

そのために、ひとりでも多くの実力者が必要で、別海中央中のメンバーが声をかけたのは他にもいた。のちに不動のレギュラーとなる中道航太郎と影山航大である。

合同チームの精鋭も別海高校に集結

中標津町で育った影山は、小学生の頃から堺たちを知っていた。

地域の選抜チームに影山がメンバーとして選ばれた際、チームメイトとして共闘したうちに堺、寺澤、千田、金澤の別海中央ジュニアイーグルスの選手たちがおり、そこに野付小学校の中道もいた。小中一貫の義務教育学校である計根別学園ではピッチャーで、前期課程時代の恩師である大槻敬士が「センスの塊のような選手だった」と唸るほどの選手だった影山が、地元の中標津でなく別海を選んだのは、堺たちがいたからだった。

「自分らの代の別海中央中は強かったんで。メンバーも知っていましたし、誘ってもらえたんで。もともと高校はレベルの高いところでやりたいと思っていたし、『野球がうまい人たちと一緒にやりたいな』って気持ちが強かったんで別海に決めました」

影山のいた計根別学園が地域の少子化に伴い義務教育学校として再生を果たしたように、別海町の人口も右肩下がりの状況が続いている。総人口はピーク時だった1960年の2万1878人から約1万4000人まで減少。彼らが小学生だった10年前の10代の人口となると1500人まで減っていた。

その影響は生徒数の激減というストレートな現象として教育現場を直撃している。別海野球部OBで現在は40代の林徳人は、「昔と今」のギャップに嘆く。

「昔はどの中学も1クラス20人くらいいたので野球部も単体で試合に出られていましたけど、今ではそれが別海中央中だけであとは合同チームですもんね。少子化の影響と言われればそれまでなんでしょうけど、野球人口も寂しいものがありますね」

つまり、別海町では合同チームのほうが当たり前なのである。野付中学校の中道が3年生だった21年の野球部は、自身のほかに2年生部員ひとりしかいなかった。

しかし、中道は「人数が少ないことにもメリットがあった」と前向きに語る。

「チームとしての濃い練習がなかなかできない部分はあるんですけど、個人では指導者が一人ひとりに向き合った指導をしてくれたというか。自分が中学生だったときはN中（中標津中学校）が強かったんですけど、そこで教えていた先生が来てくれたり。そういうところで個人的にレベルアップできたところはあると思います」

中道がレベルアップできた背景として挙げたひとつに、北海道の強豪で知られる駒大岩見沢出身の教師、木村直斗の指導が大きかったという。自身と同じキャッチャーであるため基礎からしっかり教わることができ、バッティング面にしても〝ヒグマ打線〟と呼ばれるほど攻撃力を売りにしていたチームで育った木村の教えによってレベルアップできたと、中道は頷く。

中学ではともに戦うことがなかったが、中道の噂は別海中央中のメンバーたちも知るところだった。橋本が言う。

「中道は知っていました。中軸で打っているイメージがあったし、1個下には鎌田とかもいて。合同チームといっても個々の能力は高いんだなって思っていました」

同学年で中道とチームメイトだった選手に中春別中学校の篠原有来もいた。

島影が中春別ジュニアホークスでコーチをしていた時期に1年間、教わっていた篠原は、別海が初めて北北海道大会に出場した21年夏の試合を見て「ここに行こう」と決めたという。

「小学校のときに監督さんから指導していただいていましたし、見に行った試合で別海高校の雰囲気がよかったんで。『また島影監督のもとで野球をやろうかな』って」

この年の別海を牽引していた選手が、唯一の3年生部員であるキャプテンでエースの鎌田拓寿だった。同じ中学の先輩である篠原が憧れを抱いていたように、弟の侑寿紀も兄のプレーに胸を打たれ、進路を決めたという。

橋本が前述していたように、合同チームでは下級生から1番バッターを担うなど中心選手だった侑寿紀はこのとき、高校では野球を続けるつもりがなかった。地元を離れ釧路市内の進学校で勉学に勤しもうと考えていたという。そんな彼が心変わりするきっかけとなったのが、兄の存在だ。同級生が辞め学年でひとりとなっても弱音を吐かないどころか、毎日のように夜遅くまで練習に励むような、背中で生き様を語る男だった。家では兄弟で野球の話をすることはなかったが、試合を見れば兄がチームの柱であることは一目瞭然だった。

「拓寿は3年生ひとりでも頑張っていて。ピッチングでもバッティングでもチームを引っ張っている姿がかっこいいなって。それで、『自分も別海で野球を続けよう』と思いました」

合同チームとは、いわば個人の集合体である。普段は違う環境で野球をしているからこそ、「あいつがやるなら」と強く共鳴する。そうして彼らは、別海へと導かれていくのである。

野球部を再建させた男とマネージャーの道を選んだ男

侑寿紀のように中学で野球に一区切りをつけようとする者は少なくない。彼と同学年で上春別中学校出身の大野春喜もそのひとりで、「高校ではどうしようか?」と迷っているさなかにチームメイトからの後押しによって別海への進学を決めたのだという。

「やっぱり合同チームでしたし、ちゃんとした環境で野球ができていなかったので。でも、鎌田とか関口が『高校でも一緒にやろう』と言ってくれたので、やろうと」

大野を誘ったひとりである関口光樹は、合同チームで最も野球に飢えていた選手だ。なにせ、彼が中西別中学校に入学した時点で全校生徒が18人だったこともあり、野球部自体がなかったのである。地元からの距離は少し離れるが、野球をしたいのであれば別海中央中に進学するという選択肢もあったはずだ。そのことについては、「自分、人見知りなので、野球部がなくても小学校から一緒の人がいる中学に行きたくて」と微笑む。

そこで関口が選んだ道は、「自分が野球部を復活させる」だった。

とはいえ、一生徒、しかも新入生が訴えたところで学校には聞き入れてもらえず、仕方なく学校でただひとつの男子運動部である卓球部に入部する。それでも関口の渇きが満たされることはなく、それどころかますます野球への熱量が高まっていった。

「1年間は卓球をしていたんですけど、ずっと『自分が好きなのは野球だ』って思っていて。『やっぱり、自分が輝けるのは野球しかない』っていう気持ちを抑えられなくて、断られてもずっと学校にお願いしていました」

関口の熱意はやがて学校の保護者たちも知ることとなり、嘆願の声が増えたことによって1年後に野球部は復活を果たした。

1年間のブランクを埋めるべく、関口はバッティングやノックといった技術的な練習以上に、体の柔軟性を戻すために「ストレッチデー」を設けたり、精力的にランニング量を増やしたりとフィジカルを鍛えていった。そんな「ひとり部員」に対して、野球部の顧問を買って出てくれた教師たちが日々、練習に付き合ってくれたことを感謝している。別海への進学については、2学年上の兄・太樹が在籍していたことも大きかったというが、単独チームとして思う存分に野球ができる環境があることが、なによりも嬉しかった。

「関口は運動神経がよかったんで、2年に上がるタイミングで野球部ができたときそっちに行ったんですけど、自分はそのまま卓球部に残りました」

そう言って、ふふふと笑うのは関口と同級生の坂野下瑛太である。小学校までは野球をやっていたというが、そのときから「自分には実力が足りない」ことを自覚していた。中学2年となり野球部ができたからといってもその気持ちは変わらず、「体力的にもきついし、勝つ野球に自分はついていけないだろう」と割り切っていた。

ただ、野球好きを自負するほど、競技への愛着はあった。だから、高校は別海に入り「マネージャーになる」と最初から決めていたのだという。

「別海高校の選手は坊主で、マネージャーはそこまで髪型をうるさく言われていなかったんですけど、仮に『坊主だ』と言われても入る覚悟はありました」

高校野球におけるマネージャーは、どうしても女性というイメージが強い。別海にしても、少なくとも島影が監督になった16年からは全員がそうだった。

同級生の関口がプレーヤーとして飢えていたのと同じように、坂野下の覚悟も純粋だった。

「自分は高校野球に携わりたかったんで。選手としては無理でも、マネージャーなら役に立てる自信があったんで迷いはなかったです」

強豪や弱小。単独や合同。環境など関係ない。

野球が好きだから。

この真っ直ぐな想いが、彼らにとって一番の原動力なのである。

「このままじゃ野球ができない」

「別海高校」の名が外へと拡散される。

世界自然遺産で知られる知床がある羅臼町出身の安達伶音は、別海中央中を全国大会へと導いた山形が教員採用試験に合格し、最初に赴任した知床未来中学校で1年間、指導を受けていた。

彼もまた、寺澤が言ったような印象を山形に受けていた。

「歳も近いんで自分たちの気持ちをわかってくれていたというか。練習自体は厳しいときもあったんですけど、フリーバッティングをやったあとに実戦形式の練習をやったり、バッティングだけの日があったり、自分は打つほうが得意だったこともあるんですけど、そういう選手のことを考えて指導してくださる方でした」

小学時代から別海中央ジュニアイーグルスの存在は知っていたが、実際に全国を知る監督から指導を受けたことで「強い高校でやりたい」という欲求が安達のなかに芽生えてきた。寺澤や堺ら別海中央中の全国メンバーが別海へ行き、周りから話を聞くと島影率いるチームは雰囲気がよく、近年では全道大会にも顔を出せるほど力を上げてきている。

安達は羅臼を出て、別海へ進学することを決めた。

「本当は地元の羅臼高校に行こうと思っていたんですけど、別海は小中って野球がすごく強くて、いい選手が高校にも行っているって知っていたんで。『もしかしたら甲子園に行けるかもしれない』と思いましたし、そういう高校で挑戦したいなって」

入学当時、まだ筋肉がそこまでついておらず170センチ、86キロある現在の体型よりもややふくよかだったことから、「羅臼のトド」とチームメイトからいじられていた。

安達と同学年の川上大翔は、「そうっすね」と八重歯を見せながら愛嬌を出す。

「自分も先輩からいじられるほうですけど、安達と大野のほうがいじられますね。ふたりも自分も寮なんですけど、寮生はみんな仲いいんですよね。2年生は5人いるんですけど、だいたい波岡の部屋が溜まり場になってて、誰かしらそこでゲームやってます」

波岡昊輝本人にそのことを確認すると、「はい」と短く認めて笑う。

「急に来るんです。いきなりノックされて、そこからゲームやったり喋ったり」

自身のプライベートが阻害されかねない状況でも、波岡は嫌そうな顔を見せない。それどころか、嬉しそうに溜まり場という空間を仲間たちに提供しているようでもあった。

「さすがに疲れていたり勉強しなくちゃいけないときとかは無理ですけど、みんなが来てくれることで自分にとってもリフレッシュの時間になっているんで。札幌では周りとうまくいかなかった分、プライベートでは兄弟と遊ぶくらいしかなかったんで、寮生が一緒に遊んでくれたり、同じ時間を過ごしてくれたりするのはすごく嬉しいなって思います」

小学4年生で愛知から札幌に引っ越してから、人間関係に悩むようになった。はっきり言ってしまえば、波岡は新天地で同級生からいじめに遭った。

そこからの3年間、学校生活は孤独だった。中学に進学し、ようやく苦痛から解放されるかと思いきや、小学時代にいじめに加担していた同級生が自分と同じ野球部に入部したことによって、波岡は安らぎを得ることなく中学生活も送るようになる。

野球の実力はチームでも認められていたことからキャプテンに任命されるが、そうなるとさらに辛くなる。指示を出しても誰も聞いてくれない、キャプテンであるはずなのに自分のあずかり知らないところで物事が進んでいる。チームをまとめ、率いる立場として野球部の顧問に掛け合ってもまともに取り合ってもらえず、ストレスだけが溜まっていった。

波岡がため息交じりに当時を嘆く。

「キャプテンをやらせてもらっていたのに、周りとも会話すらできなかったんで。それでも最初のうちは気遣いながら我慢してやっていたつもりだったんですけど、『このままじゃ自分がやりたい野球ができない』って思う部分がどんどん多くなってきて……」

ちょうど同じ頃、小学6年生だった2歳下の弟も少年野球チームでいじめを受けるようになっていた。中学に進学するタイミングで野球を続けようかと悩んでいた弟が紹介されたのが、軟式野球のクラブチームとして誕生したばかりの「OX　BASEBALL　Club」（オックス・ベースボール・クラブ）だった。

波岡の悩みを知る母が、弟がオックスに入団するタイミングで「辛い想いをして野球をするより、新しいチームのほうが好きな野球を楽しめるんじゃない」と寄り添ってくれた。

正直、最初は乗り気がしなかった。

環境が変わったところで、どうせなにも変わらない。そんな卑屈な波岡がいた。同級生から省かれ、大人である野球部の顧問に窮状を訴えても聞き入れてもらえない。

「誰も信じられない」

中学生で波岡のような体験をした者であれば、誰だって投げやりになるものだ。もし、彼らと波岡の決定的な違いがあるとすれば野球だ。「人生を賭けてもいい」と思えるほど情熱を燃やして打ち込めるものに、波岡はすでに出会ってしまっている。

いくら「変わらない」と拒絶しても、「野球なら変えてくれるかもしれない」と期待してしまう自分もいた。そんな宙ぶらりんな感情を抱えたままだった波岡を母が強引に連れ出す。

オックスの練習場には、自分が求めていた風景が広がっていた。

野球の実力の有無などそこにはない。ボールを追い、バットを振り抜く少年たちみんなが生き生きとプレーしている。その姿を見守る指導者も彼ら一人ひとりと寄り添うように指導、いや、大人ですら野球を楽しんでいるように映った。

「このチーム、いいな」

波岡のひと目惚れだった。

間もなくして中学の野球部に退部届を提出すると、顧問からは「キャプテンなんだし、辞めてもらっては困る」と引き留められた。だが、波岡は頑として「辞めます」と訴えた。最終的には母親にも説得してもらい、正式に退部が決まった。

中学部活動とは違って、民間のクラブチームは土日や祝日など休日しか練習できないチームが多く、オックスもそうだった。これまでは環境が劣悪だったとしても毎日野球ができていたが、今度からはそうではなくなる。それでも、波岡は満たされていた。

「毎日と言っても、我慢しながらの生活だったので。オックスでは土日しかできない分、1日の大切さを知りましたし、改めて『野球って楽しいな』と思えただけで十分でした」

オックスとは、そんな野球の原点を取り戻させてくれるようなチームなのである。

野球を続けられない子供たちの受け皿

高校で波岡の部屋に入り浸る川上は、「左投げ右打ち」の珍しいタイプの選手である。

本人いわく「初めてバットを買ってもらったときに右のほうが握りやすかった」そうで、野球を始めた当初は左打席に立っていたが、やはり右打席のほうが合っていると変えた。まるで、人気野球漫画『ＭＡＪＯＲ』の主人公・茂野吾郎のようではあるが、川上にそう向けると「自分はあんなに球速くないんで」と、笑いながら即座に否定する。

中学に入ると軟式野球のクラブチームに入団してピッチャーとなった。だが、能力が開花するどころか、そこは本来なら伸びるはずの技術すら伸ばせないような環境だった。

原因は指導者にあった。強制的に選手の型を作ろうとする。それがパフォーマンスに発揮されなければ高圧的に叱責する。いわゆるパワハラである。大人だって上司などからそのような扱いを受ければ精神的なダメージを負うのだから、中学生ならなおさらのことである。

川上は、だんだん投げられなくなっていった。「イップス」と呼ばれる、精神面が原因とされる投球障害に陥る寸前まで追い込まれていった。川上が小声で本音を漏らす。

「正直、理不尽でした。試合では一応、使ってもらっていたんですけど、エラーをしたら１回で交代させられることもありました。でも、同じようなミスをした選手が代えられないとかそういうことが続いていたんで、だんだんボールが投げられなくなっちゃって」

別海の外部コーチであり、当時、川上が所属していたクラブでも指導していた小澤永俊は、彼のそんな姿を目の当たりにしては「マズい」と懸念していた。

川上に課題を克服させ、メンタルを安定させる目的で、小澤は川上の父である忍に「このままだとイップスになります。そうならないように、たまに個人レッスンします」と持ち掛け、個別でスローイングなどの練習に付き合うようになっていた。

「今はちゃんと投げられないかもしれないけど、俺がちゃんと投げられるように教えるから。今は我慢して練習を続けような」

小澤はそうやって川上の気持ちを繋ぎとめようとしたが、そういった安らぎよりグラウンドでの指導者のパワハラへの恐怖心のほうがはるかに勝っていた。一歩前進しても二歩どころか三歩、四歩と後退してしまう。そんな報われない日々に業を煮やしたのが、父の忍だった。

「新しいチームを作ることになりました」

それが、21年に誕生したオックスである。忍からコーチとして誘われた直後こそ、小澤は「今すぐには決められませんよ」と保留したが、川上と同じように悩み、苦しんでいる選手がチームを退団しオックスに移籍することとなった。自分の父が設立したからといって、息子もそれに倣う必要はないのだと、本人の意見を尊重するように小澤が確認する。すると、川上は「もう、無理なんで。辞めます」と言った。

川上がこのときの意志を再度、示す。

「やっぱり、自分のお父さんがチームを作ってくれたのは大きかったんです。チームは辞めたかったけど野球はやりたかったですし、自分と同じように悩んでいる仲間も先に辞めてオックスに入ることになったんで、特に迷うこともなく」

忍、そして監督となる小笠原武蔵が立ち上げたオックスは、川上をはじめ4人からのスタートだった。最初に誘われたときこそ即答を避けていた小澤も「やっぱり野球は楽しくやるものだ」とクラブを辞め、オックスに協力する道を選択した。

「厳しい環境で野球ができなくなった選手に、また野球を好きになってもらおう」

掲げた理念の通り、オックスとは「なにかしらの事情で野球を続けられなくなってしまった」子供たちの受け皿、そしてよりどころとなった。

そんなチームに吸い寄せられるように集まったのが波岡であり、立藏諄介だった。

登校拒否だった中学生が野球を続けられたワケ

立藏が帽子を脱ぐ。人との違いは、誰だってすぐに確認できる。

ほとんどの人間は、そこで言葉を失う。どう声をかけていいかわからず、その大きな違いに触れることなくやり過ごす。

立蔵にとっては見飽きるほどのリアクション。今では「いちいち気にしていてもしょうがない」と、むしろこちらからやり過ごすことができる。

「正直、髪型とかは野球に関係ないんで。まあ、クラスメイトとかは気を遣ってくれて触れてこないですけど友達として普通に接してくれるんで、自分ももう気にならないです」

立蔵はいわゆる脱毛症である。ストレスが原因とされており、頭部をはじめ体の毛が抜けてしまう症状ではあるが、メンタルが安定すれば数年で改善する。立蔵の体は今、少しずつではあるがその過程を歩み始めている。

3年前。そんな希望すらまやかしだと断定してしまうほど、立蔵は絶望の淵にいた。

原因は野球である。中学入学と同時に入団した硬式野球チームに高圧的な指導者がいた。立蔵のケースを簡単に説明すれば、「否定」から始まり「否定」で終わる。そんな指導者だ。2年生の秋からレギュラーとなった立蔵は、常に否定のターゲットとされていた。

「練習中からそうで、試合が終わったあともずっと自分ばかり責められて。『俺、なんもしてないのになんで言われなきゃなんないの？』って。まあ、チームにフィットしなかったですね」

指導者からの理不尽に耐える、我慢の日々。限界は目に見える形で表れた。

父の運転で練習場へ向かい、到着しても車から出られない。無理にでも前進しようとすれば嘔吐し、体が「嫌だ」と必死に抵抗する。これは登校拒否となる学生の典型的な症状であり、うつ病の一歩手前とも言われている。そして、立蔵の場合は髪が抜け始めた。

2年生が終わる頃にチームを退団し、学校にも行けなくなった。

「中学生でしたし、思春期というか気になっちゃって」

立藏が心を休ませている間にオックスができた。「また野球を好きになってもらう」。そんな謳い文句を聞きつけた両親から勧められ練習を見学することになったが、まだ体は前進を許してくれなかった。そんな立藏に前から手を差し伸べるのではなく、後ろから背中を押してくれたのがコーチの小澤である。

「野球をやりたい気持ちはあるんですけど、元気が出なくて……」

立藏がぽつり、ぽつりと状況を説明すると、小澤が明るく振る舞う。

「それはわかったけど、投げる球が見たいなぁ」

立藏が渋々とボールを握り、投げる。小澤が「おっ！」と短く唸った。

「いいボール投げるじゃない。これからめちゃくちゃよくなるよ。やる気が出たときだけでいいからグラウンドに入りな。それまでは外で見てていいから」

ある日はグラウンドで白球を追い、またある日は外で見学する。その最中に「僕も混ぜてください」と言えば、小澤は「早く来い！」と招き入れた。不安定な日がしばらく続いたが、これまでと決定的に違っていたのは指導者が絶対に否定しないことだった。

小澤や監督の小笠原は、ミスをしても「それでいい」と肯定し、「次はできるように」と様々なアプローチを示してくれる。仲間たちもそうだ。環境こそ異なるが、波岡も川上も立藏と同じような辛い経験をしてきた。だから、誰とでも分け隔てなく接してくれていた。

初期メンバーのひとりである川上が言う。

「最初は前のチームで一緒だった4人と話すことが多かったんですけど、人が増えてきたらこっちから話しかけるようになって、みんなと打ち解けていきましたね。波岡は真面目な一面があるんですけど、話していくといい味出してきますし、立藏も初めは怖がられるんですけど実は面白いキャラなんで。人の性格とかわかってくると野球も楽しくなるじゃないですか」

川上の言葉に共鳴するように、波岡も立藏とのコミュニケーションを思い出す。

「最初の頃の立藏はちょっと気難しかったというか、本当に周りと接することができない状態で。自分より辛い想いをしてきただろうから、少しずつ話しかけていくところから始まったんですね。自分もそうだったんですけど、オックスに興味を持ったということは野球を続けたいわけだし、そこでお互い高め合っていくうちにあいつも慣れてきたというか。結局、野球で仲良くなったって感じですかね」

張り詰めず、適度に遊びがあり、なごやか。そんなゴムのような弾力性のあるチームで、立藏は自分を取り戻していった。

「小澤さんの教え方だったり、チームの方針っていうのが自分にフィットしているなって。オックスのいい雰囲気で野球ができたことは本当に大きかったです」

川上や波岡と同じように、立藏も「野球を楽しむ」という原点を取り戻したのである。

「甲子園に行くために受験しました」

中学3年の波岡、川上、立藏が進路を決める時期に差し掛かっていた頃、小澤は別海のコーチとして、あることを冷静に読み解いていた。

1年後の釧根地区、ひいては北海道全土の戦力を細かく分析していくと、例年より飛び抜けたチームが少ないと判断した。そこに、堺たち別海中央中出身のメンバーや中道、影山など下級生から試合経験を積んでいる別海の戦力を照らし合わせると、大きな可能性に辿り着いた。

「もしかしたら、選抜に行けるかもしれない」

これはもちろん21世紀枠での選出も視野に入れた仮説であり、実現のためには戦力の拡充が必要になってくる。そこで小澤が目を付けたのがオックスの選手だった。

最初に声をかけたのは波岡だという。

「昊輝、俺が教えている別海って高校で一緒に野球をやらないか?」

小澤が最初に波岡を誘ったのには理由があった。

「昊輝は一生懸命なんです。練習が終わってからも『ここはどうすればいいですか?』と聞いてくるし、最後には課題も求めてくるような子で。『うまくなりたい』という向上心がすごく強いんです。なので、『昊輝に甲子園を意識させたら頑張ってくれるかな』と思い」

小澤からの思わぬ提案に「前向きに考えさせてください」と即答した波岡は、実はほかの高校からも誘われていた。そのなかで別海への前向きな気持ちを示したのは、現在の自分へと導いてくれた小澤から声をかけてもらったからだ。

「まず、『小澤さんがいるなら、オックスと同じ雰囲気で野球ができるかな?』と思って。やっぱり、今まで教わったことのない人より、指導法とか知っている人から誘われるほうが信頼度は違うので。自分は小澤さんに教えてもらうことで人としても変わることができたんで、そこは小澤さんを信じてみようと」

波岡の気持ちが別海へと傾く。「昊輝が興味あるらしいよ」と小澤が水を向けると、川上と立藏にも想いが連鎖していった。

川上も当初は札幌市内の私学に進む予定だったが、小澤から別海を勧められると「自分も興味があります」と前のめりに返答した。立藏も同様にほかの地区の高校も選択肢にあったが、「ここは本当に大丈夫かな?」と不安を拭い去れずにいた。そんな矢先に小澤から「自分も指導している別海があるんだけど」と持ち掛けられれば、気持ちが揺らがないわけがなかった。

小澤がそれぞれの親にも「別海へ行かせたい」と勧めると、全員が「小澤さんが言うならお任せします」と快諾してくれたことで、3人は別海の練習会に参加することとなった。

札幌から400キロ近く離れた、道東に位置する小さな町にある唯一の高校のグラウンドで汗を流すチームは、まるでオックスのようだった。

はきはきと挨拶する礼儀正しさ。グラウンド内ではそれぞれがきびきびと動き、練習そのものにも集中している。そこに殺伐とした雰囲気はなく、伸び伸びと野球をやっている。なによりも胸に響いたのが、監督である島影の熱量だ。

「別海は甲子園に行くために練習しています。自分も厳しいことを言うかもしれない。でも、絶対に成長はできる」

小澤とはまた違った、真っ直ぐな熱さで訴えかける監督にも感銘を受けた。

「ここなら、3年間やっていけそうだな」

別海とのシンパシーを感じた立藏はその夜、宿泊先のホテルで波岡と川上に告げた。

「ここだな」

すると、ふたりもすぐに頷き、同じように返した。

「別海だな」

翌日の練習会にも参加した3人は、監督にこう告げて札幌に戻った。

「自分たちは別海にお世話になります」

かくして波岡、川上、立藏は別海への進学を決意するわけだが、ここでひとつ疑問が残る。

なぜ、小澤はこの3人を別海に勧めたのか？　本人は「答えになっているかどうかわかりませんけど」と断りを入れ、理由を明かす。

「はっきり言えば、僕の感覚です。指導者ならわかってくれると思いますが、勧めたいチームがあっても『この子は行きたがらないだろうな』と、普段から接しているとわかったりするものなんです。僕が一番気になっていたのが一生懸命な波岡だったんですけど前向きな意志を示してくれたんで、そこからは自分の提案を聞いてくれそうな川上と立藏にも『昊輝も興味を持ってくれているんだけど』と話したら『行きます』という流れでした」

進路を別海に定めた3人は、小澤と覚悟を確認する。

大前提は「札幌から行くからには3年間、やりきる」こと。そして目標は、甲子園である。波岡、川上、立藏は、それを別海の面接試験でもぶち上げたのである。

「自分たちは、甲子園に行くために別海高校を受験しました！」

面接官がきょとんとしている。なかには、「え？」と発言の意味がわからなさそうな表情を浮かべる教師もいたのだと、小澤は彼らから教えられた。

3人を別海に導いた指導者は、笑いながらも真剣に訴えかけていた。

「それはそうだろうね。別海が甲子園に行くなんて、誰も思っていないんだから。でも、俺たちは本気で狙うからな。お前たちが来てくれたんだし、こんなチャンスはもうないと思えよ」

途中入部の選手を支えるチーム力

別海を率いる島影の評価によると、自身が監督に就任した16年以降で「最も力のあったチーム」とは、別海中央中で全国大会に出場したメンバーが入学した22年に3年生だった世代だという。彼らは、20年秋の武修館戦での大敗によってチームが内部分裂しかけたなか、唯一残った3年生でキャプテンの鎌田拓寿を支え、夏に初めての北北海道大会出場を果たしていた。

椢木伊吹がキャプテンとなったこのチームには、〝見えない偉業〟があった。

春の釧根支部予選準決勝。別海は武修館にリベンジを果たしたのである。初回に1点を挙げられたが先発の松田陽輝が粘る。恵永、晃汰を兄に持つ「松田3兄弟」の末っ子が6回までこの1点に抑え、打線も3得点と援護した。7回からはエースの上林波緒に継投し、9回に1点差に迫られたものの3―2で強豪を振り切ったのである。

それは、監督の島影にとっても雪辱を晴らしたことになる会心のゲームだった。

「鎌田がキャプテンだった年にレギュラーだった選手がほとんどだったんで、手応えがあったんです。春は武修館に勝つことができましたし、『いける！』と思ったんですけどね」

島影の語尾が沈んだように、戦績のピークは武修館戦での勝利だった。続く全道大会を賭けた支部予選代表決定戦で釧路工に0―10と、まさかの5回コールドで敗戦。夏も支部の代表決定戦で釧路北陽に0―2で屈した。島影が続ける。

「いつもならガンガン打っているようなチームだったんですけど、最後の試合ではさっぱり打てず。『こういうこともあるんだな』と思わされました」

成績としては実らなかったかもしれない。だが、この世代には力があった。野球としての潜在的な要素はもちろんだが、それ以上に尊かったことがある。

チームの和を重んじ、実行する力だ。

別海中央中から別海に進学したひとりである寺澤は、この年の春にベンチ入りし、夏はメンバーから漏れたものの「中学で全国大会に出場したチームのキャプテン」という前評判通りの力を発揮していた。その寺澤が、「自分たちの代になったら甲子園に行けるかも」といった先を見据えた期待感よりも心に留めていたことが、3年生たちへの想いだった。

「自分たちが1年生だったときに3年生が本当によくしてくれて。厳しくされることもあったんですけど基本的にはみんな優しくて、いつも近い距離で接してくださっていて。高校に入ってから『野球が楽しい』って改めて実感させてもらえたんです。なので、夏に負けて『次の世代でも頑張ろう』というより、『もっと3年生と野球がしたかったな』という悲しい気持ちになったことはすごく覚えています」

協調性があり、本気で甲子園を目指している。そんなチームに惹かれていった1年生の林伸悟は、この3年生が最後の夏を迎える直前に一大決心で行動に移した。

小学2年生から6年生まで地元の少年野球チームでプレーしていたが中西別中に入学した時点で野球部がなく、唯一の男子運動部だった卓球部に入った。1学年下の関口が積極的に行動を起こしたことで3年になるタイミングで野球部が復活したが、そのときにはすでに卓球部のキャプテンを務めており辞めるわけにはいなかった。

かといって、高校でも最初から野球部だったわけではなく、最初は「好きだから」という理由でバスケットボール部に入部する。だが、日々の練習を通じて林は物足りなさを感じており、同じクラスだった野球部員の金澤や橋本、中道から「練習はきついけど楽しい」といった話を毎日、聞かされていくうちに興味が沸いてきた。

林はすぐに行動した。最初は夏の大会前。入部を志願しに野球部へ行ったが、マネージャーに「今は監督も忙しいから、夏の大会が終わってからもう一度来てね」と促されその通りにした。すると、今度は監督から「親と相談しなさい」と言われた。

母親の美奈が息子の根性に感心する。

「まだ入部を正式に認められていないのに、『もう1回、挨拶に行ってくる!』って坊主にして。『これで野球部に入れなかったらどうするのかな?』と、ちょっと心配したんですけど無事に入部できたんでよかったですけど。そんなに野球をやりたかったんだと思いましたね」

実はこのとき、島影は林が自分と同い年で知り合いである徳人の息子だと知らされていなかった。後日、父から「息子のこと、よろしくな」と電話があったことで、そのことを初めて知らされた島影が「早く言えよ!」と突っ込んだのは言うまでもない。

かくして野球部への入部を果たした林だったが、「思ったより5倍はきつかったです」と当初の過酷さを振り返る。

初日からいきなりバテた。炎天下の夏場だったこともあり、ウォーミングアップで全力を出すとめまいを起こし、嘔吐もした。そんな姿を見ていた外部コーチの大友孝仁は「この子、大丈夫かな？」と心配だったという。

「そんなにきつくないアップだったんです。それでも、ちょっとダッシュしたくらいで酸欠になって『ちょっとベンチで休め』って休憩させてもすごく辛そうで。そんな感じだったんで、最初は『続けられるかな？』と思ったんですけど、根性出してくれましたね」

林は「辞めたいと思ったことは一度もない」と言う。それだけの根性を発揮できた一番の要因として挙げるのが、周囲のサポートである。

父の徳人が野球部OBなことから「高校野球は、ただ来た球を打つだけじゃ無理だから」と打席での狙い球の絞り方などをレクチャーする。加えて林が感謝するのが仲間たちの存在だ。金澤が、野球部では外野手である林にフライ捕球の仕方やスローイングの体勢など、細かい部分まで教えてくれる。ほかのメンバーもバッティングや走塁と、自分の得意分野を惜しげもなく林に伝授してくれたのだという。

「最初のほうは練習についていくだけで必死でしたけど、それでも毎日が充実していたんで。『1日がこんなにも苦しくて、達成感があるんだ』ってむしろ楽しかったです。自主練習まで自分に付き合ってくれた同級生全員もそうですし、疲れて家に帰ってきてもサポートしてくれた両親には本当に感謝ですね」

過酷な夏が過ぎ、秋が終わる頃、林は一人前の野球部員となっていた。

中学まで野球とは無縁だったマネージャー

林が野球部に馴染め始めた頃、中岡真緒もようやくマネージャーとして「独り立ちできてきたかも」と自信を抱けるようになっていた。

中学は林と同じ中西別中で女子卓球部だった中岡は、別海の入学に際しバスケットボール部に入ろうと思っていた。ところが、22年がまだコロナ禍だったこともあって屋内競技の体験入部は行われておらず、「それなら」と2学年上の姉・彩葉がマネージャーとして励む野球部を見学。監督の「甲子園を目指している」といった熱量に興味が沸き、入部の意志を固めた。

そのことを家族に告げると反対された。

「本当にやめてよ。忙しいし、オフがないから遊べないよ」

姉に気まずそうなリアクションをとられたかと思えば、両親からも「違う部活、探したほうがいいんじゃない?」とやんわりと突き放される。それでも、中岡は野球部にこだわった。

「監督の話を聞いて興味が沸いたのが一番なんですけど、お姉ちゃんが毎日大変そうだなっていうのは知っていたんで、『やりがいがあるんだろうな』って」

中岡の覚悟に納得した家族は、最終的に「入る以上は辞めちゃだめだよ」と応援してくれた。

最初は妹の入部を渋っていた姉もグラウンドに入れば先輩だった。もうひとりの3年生マネージャーである所莉子とともに、雑務はもちろんスコアブックの記入の仕方から練習試合で選手名を伝えるアナウンスなど、一つひとつの作業を丁寧に教えてくれた。

「お姉ちゃんの代が選手も含めてみんな優しくて。人数も10人ちょっととか多かったんで、そこに頼り過ぎちゃっていたところもあったんですね。だから、3年生が引退したら一気に『これから、どうしよう』ってなって」

中岡の1学年上の世代は、キャプテンとなった千田の兄・晃世や松田ら選手4人のみだった。新チーム始動時は同級生でもうひとり女性マネージャーがいたため、不慣れながらもふたりで協力し合って乗り切れたが、その彼女も秋の大会が終わると辞めてしまった。

たったひとりのマネージャー。しかも、下級生。ますます不安になった中岡にも「退部」の2文字が脳裏をかすめたが、今度は家族が「自分で決めた以上はやり遂げなさい」と許してくれなかった。中岡は「そこで踏み止まれることができました」と笑うが、実はもっと根源的な活動原理があった。そう、仲間たちの存在である。

姉たち3年生のうしろを付いていくだけで精一杯で、自発的に学ぶことを疎かにしていたと、ひとりになってつくづく身に染みた。別海のマネージャーはその日の練習メニューを監督から告げられ、それを選手たちに伝えるといった重要な役割もある。最初はそれをうまくこなせず選手との関係性もぎくしゃくしていたが、キャプテンの千田をはじめ先輩たちが少しずつ気にかけてくれるようになった。まだ野球用語に乏しかったため練習メニューの内容すべてを把握できていなかったが、そういった細かいところでも嫌がらずに教えてくれたのだという。

チームの調和が中岡の心に浸透する。また「やりがいがある」と思えるようになっていった。

「ひとりになった最初のほうは本当になにもわからなくてしんどかったんですけど、晃世さんとか先輩が話しかけてくれるようになってからはマネージャーとしての負担が減ってきましたし、仕事に責任を持つようになれました」

その中岡からきめ細やかな手ほどきを受け、マネージャーとして日々、成長しているのが1学年後輩にあたる藤倉梨緒である。

中春別中では鎌田と同学年だったが野球とは無縁の生活で、マネージャーを志すきっかけとなったのが友人の存在だった。中学で所属していたバレーボール部は部員がふたりしかおらず、藤倉が「きついし、辞めたい」と悩んでいた時期にマネージャーだったもうひとりの部員が献身的にサポートしてくれたことで心境に変化が生まれたのだという。

「その友達というのが、もともとは選手だったんですけどマネージャーに転身した経緯があって。そこでいろいろと支えてもらったことが嬉しかったですし、なんか、だんだん『マネージャーってかっこいい』って思うようになりました」

別海では運動部のマネージャーをやろうと決めていたが、特にこだわりはなかった。そんななか、２年生の中道と共通の友人に「野球部のマネージャーやってみたら？」と声をかけてもらったが即決できなかった。知り合いは中学が一緒だった鎌田しかおらず、休日には遠征が多いなど休みもほとんどないという。なにより、それまで野球を生で観たことすらなかった藤倉はまったくルールを知らなかった。

「やるなら途中で投げ出したくないし。でも、怖いし……みたいな感じで不安でした」

その間、競技経験のあるバレーボール部などの運動部にマネージャーとして体験入部したが、自分が思い描くような「かっこいいマネージャー」をイメージできなかった。友人から聞いていた野球部が「一番やりがいがありそうだ」と決断できたのは、夏の大会直前だった。

はっきりと挨拶をする。移動中であっても立ち止まり、深々とお辞儀をしながら声を張る。本来ならば学校の教師から教わるはずのところ、それ以上の礼儀を野球部が叩き込まれていることが、藤倉にとって最初の衝撃だったのだと目を丸くする。

「そこまで気を配らなきゃいけないのか！　って正直思っちゃって。マネージャーの仕事をしていないときでもしっかりしなきゃダメなんだと思いましたね」

大会直前だったこともあり、スコアブックの記入の仕方も急ピッチで覚えなければならなかった。野球は「1」がピッチャー、「2」がキャッチャーと守備位置を番号で簡略化されることもあり、スコアブックにはそれが用いられる。例えば「6―3」、つまり「ショートがゴロを捕球してファーストに送球しアウトにした」といった記入も最初は当然わからなかったが、中岡から教えられ、覚えていくうちに野球の魅力に気づいていった。

1年生では坂野下が自分より先に入部していたとはいえ、それまで1年間、たったひとりでマネージャー業務をこなしてきた中岡の献身性に触れ「人のために動くこと」の大切さと喜びを学び、やりがいが芽吹きはじめた。

「選手のためにはもちろんですけど、監督やほかの先生方のためにも動かないといけないのがマネージャーで。大変なんですけど、頼ってもらえるのが嬉しいし、やっていてよかったなって思える瞬間ですね」

立場は異なれど、マネージャーも一蓮托生の存在なのである。

人の立ち振る舞いといった行動だけに目を配るのではなく、内面にまで行き届かせる。島影が監督となってからチームに植え付ける「心構え」。目配り、気配り、心配りが部員一人ひとりの血肉となっていった。

辛い経験と向き合う1年生を受け入れる先輩たち

23年4月。

新入部員の自己紹介が終わると、3年生と2年生は監督をはじめとする野球部のスタッフに呼ばれ、特殊な事情を抱えた1年生がいることを説明された。

「札幌から来てくれた3人は、中学時代に辛い経験をしてきてデリケートな部分があるからあまり詮索しないように。いつも通り先輩として接してくれればいいから」

前年の秋口に体験練習に来たことは全員が知っていたが、このとき監督たちから知らされるまで彼らの背景について考えたこともなかった。どのようにデリケートなのかまでは聞かされなかったが、3人のうちのひとり、立藏の容姿を見れば察しがついた。

マネージャーの中岡が当時を思い出す。

「立藏のこととかは知らなかったです。『人にはいろいろ事情があるんだから触れないほうがいいし、普通に受け入れればいいんじゃない』ってみんなで話しました。けど、立藏のほうがむしろ普通だったんで私たちは特に気にすることもなく」

中岡がそう言ってあっけらかんと笑うように、先輩たちは彼らに対して自然体だった。堺とともに1年生の指導係だった寺澤も続く。

「最初は固かったですけど、それは立藏とか札幌の3人だけじゃなくても入ったばかりの頃はみんな不安じゃないですか。だから、指導係の自分たちだけじゃなくて寮で一緒になる影山とかみんなで声をかけながら距離を詰めていった感じでしたけど、みんなすぐに馴染めましたよ。諄介なんかは本当に普通だし、自分たちもなにも意識せず最初から接することができました。でもそれは、本人が頑張っているからなんだと思います」

寺澤が言うように、先輩たちを安心させたのは彼らの覚悟だった。とりわけ、立藏が自己紹介で打ち出したそれは、短くも十分すぎるほどチームに伝わった。

「自分は髪の毛のことがありますけど、よろしくお願いします」

立藏のような症状に苦しむ人間。ましてや思春期の学生ともなれば、自身が中学2年生で一時期、不登校になったように現実逃避したくなるものである。どうしても周りの目が気になる。自分で「いつも通りに振る舞おう」と立ち上がっても、周りの気を遣っている様に敏感となり、なおさら苦しくなる。そして、その場からフェードアウトしてしまう。オックスに入団したことで呪縛から解放されたと言っても、新天地に行けばやはり多くの人間が初対面となり、関係性を一から築いていかなければならなくなる。

そういった概念を超越した精神に、立藏はすでになっていた。監督たちが最初に説明したように、センシティブな問題は相手が受け取ればいいことで自分からつまびらかにせずとも解決できることだってある。しかし、立藏は逃げなかった。

「自分は覚悟を決めて別海に来たんで。オックスに入るまでの自分でも『なにも変わらない』ということは学んでいたんで、『高校に入ったら変わろうと』と思って。だから、自分をさらけ出す気持ちでした」

そんな立藏の姿に触れた指導係の寺澤は、今も心のなかで「やるな」と感心している。

「言いづらいことを自分の口から話せることは本当に勇気がいることだと思います。人の気持ちって本人にしかわからないですけど、『自分だったら諄介のように言えるかな?』と。だから、本当にすごい……すごいんですけど、野球が純粋に好きなんでしょうね。諄介だけじゃなくて、それが札幌から来た3人の原動力になっているんだと思います」

立藏だけでなく、波岡も川上も全員が中学時代の辛い体験を嫌そうな素振りを見せることなく話してくれた。むしろ聞き手側が「触れられたくないことだと思うけど……」と探るように尋ねても、「いえ、大丈夫です」と真っすぐな目を向け真摯に答えてくれた。「辛さ」の具体性にしてもほぼ隠すことなく、自らの当時の心情も交えて想いを綴ってくれた。

断言できる。3人は強い。

その強さを引き出してくれたのがチームメイトであることも間違いない。彼らは無理に痛みを分かち合おうとしない。仲間にどのようなバックグラウンドがあろうとも偏見を持つことなく、声を聞き、導き、ともに歩むことができるのである。

それが、別海というチームなのである。立藏が言う。

「別海は人数が少ないですけど、その分みんなと仲良くなれるし、分かり合えると思います。部員が多い強豪校に行っていたら、絶対にそんな気持ちになれなかったというか。野球のために来ましたけど、別海って町と別海高校に来てよかったなって思っています」

導かれるようにやってきた強き精神を宿した青年たちは、「甲子園」という大志を抱く。

白球フロンティア

第4章
「19人の快進撃」

監督とはプロデューサーであるべき

別海野球部の特色。そのひとつとして挙げられるのが指導スタッフの存在である。部長の砂田純平に副部長の小山暢彦、前部長で顧問の高山善亘の3人全員が教壇のみならずグラウンドでも指導する。そこに、外部コーチとして渡辺靖徳と小澤永俊、大友孝仁が名を連ねる。

公立校でありながらこれだけの指導者が在籍する野球部はそうそうない。彼らを引き寄せるのは、監督の島影隆啓の生き様によるところが大きい。

渡辺や小澤が武修館時代に「次に指導するときは協力するよ」と約束し、教え子である大友が「恩返しをしたい」と言っていたことだけでも、そのことは理解できる。彼らと同様に付き合いの長い釧路のスポーツ用品店スポーツビーイングの伊藤昌幸も「人徳です」と強調していたが、副部長の小山も同様の反応を見せる。

今では島影を「シマ」と呼ぶほど信頼する5歳年上の小山には、忘れられない出来事がある。白糖高校で監督を務めていた2014年に島影が武修館の監督を退くこととなり、釧根支部の高校野球関係者と送別会を開いた。そこで島影は、挨拶の際に「悔しい……悔しいですよ！」と声を震わせて泣いた。このときはまだ関係性が浅かった小山だったが、「本当に野球が好きなんだな」と共感している自分がいたという。

「そこから審判委員なんかで話す機会が増えていくうちに、『この人は真剣に野球に携わる人に対して、きちんと好意を抱けるんだな』と思いまして。僕たちのような顧問もそうですけど、これだけ外部スタッフがいる高校ってなかなかないわけじゃないですか。シマの下には人が集まってくるんですよ。だから、僕も『こういった人を大切にする人と、いつか一緒に野球をしたいな』と思っていたんです」

23年に異動の希望を出していた別海に赴任した小山は、副部長の傍らピッチャーを中心に指導する。「生徒を勝たせたいと言っているシマを勝たせたい」。これが原動力となっている。

スタッフたちには、それぞれが小山のような献身性がある。しかし、島影は彼らを束ねようとはしない。どちらかと言えば逆だ。指導者の個性を生かしてもらうためにタクトを振っているのだと、この監督は言う。

「プロデューサーって言うとちょっと大袈裟かもしれないですけど、監督ってそういう立場じゃないのかなと思うんですね。自分は野手の出身ですけど、ピッチャーもキャッチャーもなんでも的確に指導できる能力はないので。『こういうチームにしていきます』と方向性を決めるのは監督である僕の仕事ですけど、せっかくこれだけ信頼関係を築けているコーチがいるのなら、それぞれの得意分野で存分に指導力を発揮していただきたいと。もちろん、その過程で意見を交わすことはありますけど、そこをまとめるのも僕の仕事だと思っていますんで」

島影のプロデュース力がなければ開花することのなかった選手に堺暖貴がいる。

別海中央中時代、監督の山形翔平に資質を見出されてピッチャーの練習を始めたがメインはファーストで、本人も高校では「野手だろうな」と決めつけていた。入学当時から180センチ近くの身長があったことから、島影も「体もあるし野手として育てたほうがいいだろう」と考えていたところ、ピッチャーとして育成することを提案してきたのが渡辺だった。

野手だった堺の資質を見出した外部コーチ

「あの子、面白いね。ピッチャーとして絶対によくなるよ」

高校入学時点でのストレートの最速が115キロ程度だった、サイドスローピッチャーの堺に渡辺が将来性を見出し、このように島影に進言する。

大学野球で2大大会と呼ばれる全日本大学野球選手権大会に20回、明治神宮野球大会は5回の出場経験を誇る、北海道の強豪である東京農業大学北海道オホーツクでもコーチを務め、同校出身で東北楽天ゴールデンイーグルスに所属する伊藤茉央などを育成してきた渡辺には、経験から裏打ちされる確信があった。

「まず目に入ったのが体型ですね。サイズもありますし、姿勢がいいんです。しかも、自然と腕が振れるサイドスローだったんですね。ピッチャーというのは原理原則として、オーバースローだろうがアンダースローだろうが、ボールを横から滑らせるように投げるのではなく、極端に表現すれば上から地面に叩きつけるように投げなくてはいけないんですけど、堺は最初からそれができていたんです。中学生からちょくちょく投げていたと聞いていたし、なにより本人もピッチャーに興味があるようだったので」

ひとえにサイドスローと言っても、一般的に堺は「変則」の部類に属するタイプだ。

体を捻りながら右腕をテイクバックさせ、左足を内側に踏み出すインステップから勢いよくボールを放つ。野球界では「故障に繋がる恐れがある」といった理由から推奨されていないが、渡辺は「科学的な根拠はない」とし、堺の特性を直していない。

堺が入学して間もない頃に試合で投げさせる。バッターはナチュラルにシュート回転するストレートに差し込まれ、スライダーは体を前に泳がされるなど、タイミングを取りづらそうにスイングをしていた。堺のパフォーマンスを見て「やっぱりな」とほくそ笑んだ渡辺だったが、「しばらくは好きなように投げさせていた」のだという。というのも、このときの堺はまだピッチャーとして吸収すべきことが山ほどあったからである。

それは、堺自身も感じていたことだった。

「ピッチャーを始めたのが中2の秋とかだったし、自分はメインで投げていたわけではなかったので知らないことが多くて。牽制の仕方だったり、クイックだったり、そういう細かい技術がまだまだだったんで、投げながら覚えていったって感じでしたね。1年生で投げたてくらいのときはめちゃくちゃ打たれることもあって、抑えられなかったんですけど『自分のボールは打ちづらいんじゃないかな?』とは思っていました」

実戦経験を重ね、ランニングやウエートトレーニングなどで体を大きくしていく。渡辺が指導に訪れた日にはピッチングのメカニックを細かくチェックしていくことで、ストレートの球速も115キロから10キロ以上アップするなど明らかな成長が見られるようになった。そして、2年生になる23年の春。渡辺は再度、監督に進言する。

「次の世代のピッチャーは、堺を軸にしよう」

島影に異論はなかった。それどころか、今になってみれば「渡辺さんがいなかったら」と思うと、ぞっとしてしまうのだと笑う。

「自分の判断だけなら堺は野手にしていましたから。見る目がありませんでしたね」

中道の〝イップス〟を未然に防いだコーチ

別海で指導するコーチの役割としては、ピッチャーをメインに指導するのが渡辺なら野手を担当しているのが小澤である。道都大学(現:星槎道都大学)でともに外部コーチとして指導していた時代があり、渡辺の紹介で武修館にも通うようになり現在に至る。

選手の体格や体の使い方などメカニズムを見極めた指導をするのが渡辺であれば、小澤は知識や経験を実演しながら教えていくタイプである。

「そのほうがイメージはつきやすいですしね。僕の場合は、口だけで教えていくのは無理なんじゃないかなと思っているものでして」

その原点は道都大時代まで遡る。シーズン前のキャンプ中、講師として訪れた元プロ野球選手の石毛宏典が実演してくれたことがきっかけだった。引退後も名内野手として名を馳せた動きは健在で、そのキャッチングやスローイングを目の当たりにした小澤は「これだ」と直感した。

「石毛さんのような教え方は『間違いない』と思えたし、『これなら自分にもできる』と力が沸いてきたんです」

小澤が実演することによって、選手がよりプレーのイメージがしやすくなる。守備の要であり、下級生から主力を張るセカンドの千田涼太とショートの影山航大も守備が上達し、とりわけキャッチャーの中道航太郎は目を見張る進歩を見せたと小澤は頷く。

高校入学当時はスローイングが安定せず、セカンド送球の際には力み過ぎてキャッチャーとピッチャーの間にボールを叩きつけてしまうこともあったくらいだという。そういうプレーが続けば、「次こそはちゃんと投げないとダメだ」と意識しすぎるあまり、気づかぬうちに動作が委縮してしまい、また同じことを繰り返す。いわゆる「イップス」と呼ばれる症状だ。

小澤はそれを恐れた。自身も社会人野球1年目にキャッチボールで先輩から叱責され過ぎるあまり憂鬱となり、イップスの一歩手前まで追い詰められた経験があったという。だからこそ中道のプレーは理解できた。実演してみせ、一つひとつ段階を踏ませた。「ボールは腕や指先だけで投げるものではない」と言い聞かせ、下半身から腰の回し方、肩甲骨や肩の使い方とそれぞれの動作をレクチャーする。そうして「指先からボールを離す前からスローイングの良し悪しは決まっているんだぞ」と本人を納得させていった。

「イップスって怖いんです。本当に野球がつまらなくなりますから。スローイングにしてもゴロ捕球にしても単純作業ですけど、大変ながらも毎日1時間でも続けることによって絶対にイメージって湧いてくると思うんですよ。そこで『この動きはこうしたほうがいいかもしれない』とヒントが生まれてきたり、別の課題が出てきたりすると思うんですね。ですから、航太郎には毎回、『今日は腰の使い方を見直してみよう』といったように課題を与えていました。彼は一生懸命に練習する子なんで、僕が行くたびによくなっていって。それでも『偶然のスローイングはダメだぞ』と根気強く教えながら、よくなっていった感じですね」

小澤との二人三脚で鍛え上げていったスローイングは、やがてピッチャーからのボールを捕球してからセカンドベースに送球が到達するまで1・9秒程度と、高校生のレベルで「速い」と評価されるステージまで高めている。中道自身、今では「守備はずっと課題を持ち続けて取り組んでいます」と貪欲な姿勢を見せるほどだ。

「やっぱり、本当に速く正確に投げるためには肩の強さじゃないところのほうが大事というか。

ボールを捕ってからの動作だったり足の運び方だったりが大事になってくるんで、そういうところは常に意識しながら練習しています」

渡辺がピッチャーとしての堺の秘められた能力を引き出し、小澤が中道のキャッチャーとしてのレベルを我慢強く底上げさせた。のちに不動のバッテリーとなるふたりではあるが、その関係性となるまでには紆余曲折を経ている。

意見をぶつけあって理解を深めた堺と中道のバッテリー

堺は違和感を拭い去れなかった。

中学までは野手がメインだったとはいえ、マウンドに立てば気持ちよく投げられていた。要因を探っていくと、キャッチャーが佐々木広太郎だったからだ。生まれてから常に一緒にいた従姉妹とは息が合っていたし、試合でも相手が要求するボールと自分が投げたい球はほとんど一致していた。

それが、高校に入り中道とバッテリーを組むようになると呼吸が噛み合わなくなった。名前が同じ「コウタロウ」でも、相性となると別だった。

「広太郎とは小さいときからずっと一緒だった分、信頼とかもあったんで要求された球を投げれば『抑えられる』って安心感みたいなのがあったんですね。中道は小学校の選抜チームが同じで知っていたんですけど、そこからはあんまり関りがなくて。高校に入ってバッテリーを組むようになって最初のほうとかは、要求してくる球が自分の投げたいのと違って、サイン通りに投げても打たれる、みたいなことも結構ありましたね」

試合が終わると、堺が「なんであのボールなの？」と尋ねる。すると中道は、「そのほうが抑えられると思ったから」と主張する。キャッチャーのサインを信じて投げたい堺と、自信を持ってリードする中道との間に乖離が生じていた。

そんな試合が続けば、それまで我慢してきた堺も乱暴な口調で問い詰めることもあった。

「だから、あれはちげぇだろ！」

根が頑固な中道も、そこで引き下がらず応戦する。

「あのボールのほうがよかったんだって」

中道も堺と同じように、生じていたちょっとした溝について苦笑する。

「バッテリーを組み始めたときは本当に合わなくて。ケンカするくらいの感じになったことも結構あったかなって感じます」

バッテリーを組み始めて1年ほどはちぐはぐだったふたりの呼吸が次第に合い始めたのは、口論をしてでも意見をぶつけ合ったからだった。プラスとマイナス。互いの特性を把握できさえすれば引き合うコンビだったわけである。

そこに気づいていったのが中道だった。

「自分が投げさせたい球を投げさせたほうが『絶対にいい球がくる』と思っていたので、そこを意識しながらリードしていたんですけど、それよりはピッチャーが投げたい球を自分が察して要求したほうがチームのためになるのかなって、自分の考えが変わりましたね」

野球を始めてから基本的に「キャッチャー一筋」だった中道に対し、堺はどちらかと言えば高校から本格的にピッチャーとしての練度を高めようとしていただけに、ふたりによるバッテリーとしての関係性が構築されるまでにはそれだけの時間が必要だったわけだ。

コーチの渡辺もそこを認めている。

「お互いディスカッションを重ねていけたことがよかったと思います。堺がピッチャーとして段階を踏んでいってているなか、中道もだんだん『堺みたいなタイプをどう生かせば、バッターは嫌がるのか？』と理解してくれたんですね。中道は寄り添い型のキャッチャーで、偉そうじゃないんです。だから、堺を理解していくようになっていったことで、中道は彼のピッチャーとしてのよさを引き出してくれるようになったんです」

渡辺の想いに賛同するように、高山も中道に対して粘り強く声をかけたひとりだ。

学生時代にキャッチャーだった高山が「うまいキャッチャーじゃなく、信頼されるキャッチャーになりなさい」と滾々と説いてきたことも、中道の変化を促す大きなアシストとなった。

「キャッチングとかブロッキング、スローイングって技術が上達することももちろん大事なんですけど、やっぱりピッチャーとの信頼関係が重要で。これは歴代のキャッチャーにも言ってきたことなんですけど、堺もそうだし、先輩の松田とかたくさんいるピッチャーがバッテリーを組めるのは『中道しかいないんだよ』と。そうやって、課題を意識させながらお尻を叩いて頑張らせていったところはありましたね」

2年生を迎える春になると、それまでは野手としてのトレーニングも並行して行っていた堺が本格的にピッチャーとなり、1年前までにあったふたりの溝も修復されていた。

堺は言う。

「自分たちが話し合いをしていくなかでどんどん呼吸が合っていったのかなって思うところはあります。だんだん自分が投げたい球を中道がリードしてくれるようになって、意思疎通も自然とできるようになっていきましたね」

2年の夏を迎える頃、堺と中道はバッテリーとして1本立ちしていた。

支部予選決勝で負けた23年夏の責任

副部長の小山が指導者として意識していることは、頻繁に別海のグラウンドに来ることのできない外部コーチの渡辺と小澤がチームに授けた教えを継続させるよう選手に促すことだ。

「渡辺さんや小澤さんが生徒たちに言っていたことを、常に喋っているだけですよ」

そう言って小山は、笑いながら自らの役割を語る。

「生徒たちは頑張って練習しているんですけど、どうしてもどこかで手を抜いてしまいがちじゃないですか。でも、渡辺さんや小澤さん、大友コーチもそうなんですけど、忙しいなかせっかく来て指導してもらって、そこで技術が伸びてきていることだって彼らはわかっているわけですから、そこを継続しないともったいないないわけじゃないですか。そういうところを注意して見ています。あとは肩やひじの状態だったりパフォーマンスへの不安だったり、生徒が監督やコーチに言いづらいことってありますから。そういう声を聞くとか、コミュニケーションを取ることも自分の役割かな、と思っています」

小山にとって、それが「シマを勝たせたい」と願う自分にとっての最善のやり方だと今は思っているし、だからこそ23年の春に赴任してきたばかりとはいえ、この年の３年生のチームが全道大会に進出できなかったことを悔やんでいる。

「３年生を勝ち切れさせられなかったのが悔しかったですね。自分が彼らにどれだけ関与できたかと言えば本当に微々たるものでしかないんですけど、『付き合った年月ではなくて一緒に頑張っていこうな』と話していただけに」

それは、やっとバッテリーとして機能し始めた堺と中道にとっても同じだった。

23年の夏。釧根支部予選の初戦で標茶に９―０で勝利した別海は、釧路工との代表決定戦に臨んだ。試合は先発でエースの松田陽輝が２回まで無失点に抑えたが３回以降に掴まって４回３失点でマウンドを降り、堺が継投した。しかし、５回に１点、６回にも１点を与えてしまい

2イニング持たず、再び松田にバトンを託すこととなった。

堺はこの試合での自分のパフォーマンスを猛省しているが、それは中道も同じだった。投手陣を優位に導くことができなかった反省もあるが、この試合に限っては4番バッターとしての責任を重く感じている。1年生の秋から主軸を任されていながら、全道大会がかかった大一番で4打数ノーヒットと振るわなかったからである。

3―6。中道はこの結果を重く受け止めていた。

「初回に自分までチャンスを作ってくれたのに打てなかったり、あの試合は本当に自分が打っていれば勝てたと思っていて。『俺のせいで負けさせてしまった』という気持ちは強かったです」

中心選手である以上は学年なんか関係ないとばかりに、試合が終わると島影は「お前のせいで負けたんだぞ」と中道を槍玉に挙げた。

それは、期待の表れに他ならない。島影は続けて、こう突き放した。

「お前にキャプテンをやらせる気はないからな」

〝問題児〟のキャプテン就任

島影が別海の監督となった16年以降、次期キャプテンは引退する3年生が選ぶことになっている。それは先輩からの信頼の表れであり、「お前がチームを引っ張っていくんだぞ」というメッセージが込められている。

23年の夏の大会が終わると、島影はキャプテンの千田晃世ら3年生4人と話し合った。

「テラだよな」

誰かが言うと全員が頷いた。「テラ」こと寺澤佑翔は別海中央ジュニアイーグルスと別海中央中でキャプテンを歴任しており、堺など彼のキャプテンシーを知る者は多い。真面目すぎるきらいはあるが、誰に対しても「それは違うんじゃないか？」と叱咤できるような実直さがあり、物事に妥協せず取り組める芯の強さがある。

「普通に考えたらそうだよな」

また誰かが言えば全員が頷く。本来ならば満場一致で寺澤を次期キャプテンに決めてもいいところ、その場には釈然としない空気が流れていた。

「寺澤が適任です。けど……」

監督に訴えるように3年生たちが口を揃えた。

「やっぱり中道がしっかりしてくれないと、このチームは勝てないっすよね」

中道本人に「キャプテンをやらせない」と言っていたように、島影のなかにも「プランB」としてその選択肢があったのである。だから、3年生の意見に説得力を感じていた。

「確かにそうだよな。中道が変わらないと、このチームは絶対に勝てない。ひょっとすると、甲子園に行くためには一か八かで中道かもしれないよな」

3年生も呼応するように続いた。

「中道でいきましょう！　テラは副キャプテンでもしっかりチームを引っ張ってくれるだろうし。育てる意味でもあいつをキャプテンにします」

監督と3年生が意見を統一させると、チームに新キャプテンが発表された。

えっ⁉

少なくとも中道の同級生である2年生のほとんどが、驚きを隠すことなく素直なリアクションをとった。前キャプテンの弟である涼太の証言だ。

「寺澤は小学校、中学校とキャプテンで自分もずっと見てきたんで『高校でもやるだろうな』と思っていたんですけど……まさかの中道。1年のときに問題児気質があったというか、まあ、やんちゃだったんですね。だから『こいつがキャプテンで大丈夫か？』って」

島影ですら「本当なら一番キャプテンにしちゃダメなタイプ」と断言してしまうほどのキャラクター。それが中道だった。

「キャプテンらしいところがほぼ見られないくらい自由奔放な子なんで。風呂の中で外に聞こえるくらい大声で歌ったり、ゲームをやりながらひとりで騒いだり。家だから多少は許していた部分はあるんですけど、それが学校で、となるとねえ」

父親の大輔は、やれやれといった口調で息子の素顔を語る。1年生だった中道はそんな自宅での自分を、学校でも「お構いなし」とばかりに貫き通していた。

校内でいきなりお気に入りの曲を歌い出しては周りをぎょっとさせる。そのたびに教師たちから注意を受けるが、同じように騒いではまた怒られる。それは中道本人も自覚しており、「よくないなと思いながらも、気づいたら歌ってましたね」と頭を掻く。他者からすれば「その高いテンションをどうにかできないものか?」と思いがちだが、そうでもないらしい。

「いや、あの頃はテンションが上がってなくてもやってましたよ」

生来のお調子者気質。ただ、当時はそれが災いし、悪目立ちしてしまっていたのである。このように、本人としては決して悪意があったわけではないのだ。行動があまりにも破天荒すぎたことで周りから敬遠されていたが、「悪いことをしている」自覚を認識できぬまま、日々を過ごしてしまっていたことになる。

中道の学校生活をよく知る顧問の高山は、「もともと元気があるやつなんですけど、『ちょっと落ち着けよ』って怒ることもありました」と、今でこそ笑えるエピソードを明かす。

「中道が1年生だった卒業式はコロナ禍だったんで、在校生は各教室でオンライン参加だったんですね。卒業生が入場してくるシーンなんかがモニターに映し出されて、それを拍手で迎えたりしていたんですけど、中道は知っている先輩とかが映し出されるとすごい騒いじゃうんです。ひそひそと話し合うくらいなら僕も全然黙認できるんですけど、あまりにもうるさいんで『オンラインでも卒業式なんだから、場をわきまえないとダメだろ!』って怒って。でも、本人は悪気があってやっているわけではないから『なんでダメなんですか?』みたいな表情をしているんです。中道には愛嬌はあるんですけど、そこをどう見極めて声をかけていくかは教師としてもバランス感覚が難しいところではありましたね」

このような中道の悪癖を指摘してくれたのが、「松田3兄弟」の長男・恵永だった。別海は野球だけではなく、私生活もしっかりしていなければ一人前とは認められないよ――自身が別海野球部で島影から叩き込まれた教訓に、後輩の中道が耳を傾ける。根が素直なのである。言ってくれる人間がいれば、自分の行いを省みることができる人間なのだ。

中道が当時の自分を反省するように言った。

「恵永さんが色々話してくださったこともあって、『もっと変わらないといけないな』と思いました。なんか自分、変な話なんですけど『バチが当たるな』と思ったんですね。怒られることが多かったんで、そこからは『これをしたら怒られて、バチが当たる』みたいな考えになっていったというか。歌うこともそうですし、ご飯を残したり、ゴミをポイ捨てしたりとか、気づくのが遅かったんですけど、そういうことをやらないように心掛けるようにはなりました」

お調子者で元気がある。ただ時折、場をわきまえずに周りを困らせてしまう。

中道の良し悪しを認めるか否か？　監督と3年生が熟考した末に出した答えが「認める」だったわけだが、島影がその真意をこう付け加える。

「このチームのムードメーカーと言ったら、ずっと中道なんですね。みんなが沈んでいるときでも一番に声を出して盛り上げてくれるし、率先してバカをやれるのも彼なんです。学校では悪い意味で目立ってしまうこともありますけど、キャプテンという責任を持たせることで人間としても選手としても成長してくれるんじゃないかと思ったんです」

千田の証言にあったように、キャプテンが中道だと監督から正式に告げられた際には全員が驚きとともに「なんで?」と、真っ先に疑問符が浮かんだくらいだった。そんななか、この決定をすんなりと受け入れられたのが、キャプテン候補筆頭だった寺澤である。

まだ中道が〝問題児〟だった頃、寺澤の本音を借りれば「苦手な存在」だった。だが、下級生時代から常にチームの中心で盛り上げ、試合でも4番として打線を引っ張ってくれていた。そんな男が夏に負けたことで、監督から「お前が打てなかったからだ」と戦犯のように扱われ、うなだれている姿を見て、自分もスタメンとしてノーヒットに終わっていただけに「こいつ、すごく責任を感じているな」と悔しさを共有できたし、雪辱に燃える意志も感じられた。

だから、寺澤は「キャプテンは中道だろうな」と予想していた。

「自分がキャプテンじゃなかったらそうなると思っていました。学校では先生たちから目を付けられるような問題児でお騒がせキャラでしたけど、野球部にとっての中道はキーマンですし、キャプテンをやることで変わってくれると思っていました」

物事を俯瞰して受け入れるだけの懐の深さがあるからこそ、島影も「どんな役割でもチームをうまく回していける」と、全幅の信頼を持って寺澤を副キャプテンに任命できた。

当の中道はというと、島影から「キャプテンをやらせる気はない」と告げられた時点で「ないのかな?」と感じていたという。そんななかでの指名に、熱意が蘇る。

「やるしかないって思いました。3年生のためにもやり返したいって気持ちになりました」

責任がぶつかり合う。

堺とバッテリーとしての信頼関係を構築していったように、副キャプテンとなった寺澤とも衝突する。互いに頑固な一面があるため、どうしても折衷案が見いだせないときなどは、周りも積極的に介入してチームの総意をまとめていく。

「みんなでカバーしながらキャプテンを支えていこう」

これが、新チーム発足時に選手たちで決めた方向性だった。

自宅ではただうるさく、グラウンドではキャプテンとして責任をもってチームを引っ張る兄の姿を間近で見てきた千田は、「キャプテン・中道」のチームが進むべき道をこう見ていた。

「当然、中道もわからなことだらけだったと思うし、ひとりではまとめきれないんで。なにかあれば『こうしたほうがいいんじゃない?』とか話していくうちに、中道もだんだんキャプテンらしくなっていって。自分たちがなにも言わなくても任せられることが増えたと思います」

心は変わり、行動も変わった。

もう、学校での中道の悪評は、誰の耳にも届かなくなっていた。

地獄の紋別合宿

別海の新たな航海は最初から順調だったわけではなかった。

練習前の準備段階から滞る。例えば、フリーバッティングで使用するピッチングマシンの設定だ。ローターと呼ばれるふたつの円形の部品が回転することによってスライダーやカーブのような様々な変化を実現できるのだが、この調整作業が慣れていないと難しい。新チームにはそれをできる者がほとんどいなかった。

ノックなどでもそうだ。これまでなら、内野と外野の連携が合わなかったり、ポジションごとの意思疎通を図れなかったりすれば自然と声が出て修正できていたものが、少しでも噛み合わなくなると全体の動きそのものが止まってしまっていた。

原因は「甘え」なのだと、千田は言い放った。

「1個上の先輩は4人しかいなくて自分らの代のほうが人数は多かったんですけど、先輩がしっかりしていた分、気を遣って動けない部分があったというか。だから、新チームになったら当たり前のことができなくなって、あまりいい状態でスタートできなかったですね」

そんなチームを先導したのが、新キャプテンの中道と副キャプテンの寺澤だった。

うまくいかず焦りが出始めていたなか選手間でのミーティングを開き、「もう1回、一から練習の取り組みを変えてみよう」と意思統一を促す。寺澤が言う。

「基本的なことをできなかったことはあるんですけど、はじめのうちはうまくいかないのが当然だと思っていて。もちろん中道とふたりで話すこともありましたし、ミーティングでも『なんで監督とかに怒られたのか？』ということをみんなで整理していけば、できなかったこともだんだんできてくるだろうなとは思っていました」

陽気な中道と冷静な寺澤が中心となったチームは、少しずつまとまりを取り戻していく。そして、夏休み期間中に行われた紋別合宿で選手たちはさらに引き締まっていった。

4泊5日。短期間ではあるが、誰もが〝地獄〟と口を揃える。

その過酷さは朝から始まる。合宿所からグラウンドまで約3・5キロのランニング。バッティング、ノック、実戦形式、ピッチャーであれば各種ランニングメニューと〝フルコース〟を消化し、帰りもまた合宿所まで走る。定期的に休憩を入れ、水分補給をこまめにしていたとしても、暑さと練習量によってダウンする選手も出たくらいだった。

「あれは本当にヤバかったですね」

堺は紋別合宿の話題になると顔を歪ませる。

「紋別って風がないから余計に暑く感じるんです。帰りのランとかは本当なら帽子を取ったほうが走りやすいんですけど、それだと熱中症になるから被ったままで。もう、みんな逆にテンションおかしくなってダッシュとかしてましたからね」

甲子園に出場したチームを除けば、午前から午後までたっぷり練習時間のある夏休み期間中は誰にとっても憂鬱なものである。そこに加えて合宿となればより過酷になるわけだが、別海のそれが〝地獄〟だったのには大きな理由があった。

22年の段階で中学3年生だった波岡昊輝たちに「甲子園に出られるかもしれない」と別海へ誘っていたように、コーチの小澤は中道たちの世代に大きなチャンスを抱いていた。

「毎年、別海と釧根地区のチームを比較しながら対策を練っているんですけど、中道たちの世代には『このピッチャーの変化球は苦労する』といったような厄介なチームがあまり見当たらなかったというか、はっきり言うと例年よりレベルが下がっているんじゃないかと思ったんですね。ですから、『全道大会に出られれば、少なくとも21世紀枠は狙えるんじゃないか?』と」

小澤が「狙えるよ」と伝えると、島影も納得するように「ですよね」と頷く。だからこそ夏休み中、とりわけ短期集中で鍛えられる紋別合宿で底上げを図りたかったのである。

そうはいっても、監督と選手の熱量が常にイコールとは限らない。紋別での島影はいつも以上に厳しかった。合宿所を出た瞬間からハードメニュー。練習の最中も監督からの怒号が飛び、それは夕食時まで及ぶ日もあった。

食堂が静まり返っている。「さすがに、ここまで萎縮させると悪影響だよな」と感じた小澤が、島影に「こんな気分じゃ食べられるものも食べられないからさ。ご飯のときくらいは自由にさせたら?」と助け船を出すほどだった。

「監督が厳しいのは選手たちだってわかっているんです。でも、紋別合宿はかなりハードで彼らも相当参っていたし、そこで気の休まる場を作ってあげないと鬱憤が監督に向いてしまうというか。監督をひとりにしないためにもあえて言った部分があったんですよね」

別海というチームの役割分担として、極端なほどわかりやすく説明するならば、島影が「鬼」で小澤が「仏」となる。

「鬼の島影」はとにかく厳しい。

目的を達成するために、それこそ心を鬼にして選手を鍛え上げる。その最中には表立ったフォローなど一切ない。グラウンドへ見学に訪れた保護者が心配になるほど辛辣な言葉を浴びせることだってあるし、試合であまりにも怠慢なプレーが目立つようであれば「あれくらいできなければ必要ないよね」と、容赦なく交代させることだってあるほどだ。

「仏の小澤」は選手の気持ちを乗せることを第一とする。

選手が思うようなプレーができなければ自らグラブやバットを手に取って実演してみせ、基本に忠実な練習とともに「派手なプレーも身に付けておいたほうがいい」と促している。「真面目一辺倒だけではダメ」という身上のもと、仮に叱責の対象となるプレーでも結果がよければ「もう1回やろう！」と声をかけ、選手のモチベーションアップに努めている。

「鬼の島影」と「仏の小澤」。

人間、誰だって「仏」がいいに決まっている。それは別海の選手たちも同じだが、彼らは「そこに甘えてはだめだ」と葛藤する。新チーム始動時のムードがあまりよくなかったという千田の話によると、その一因として心の弱さもあったと語る。

「小澤さんが練習に来てくれる間はすごく雰囲気がいいんですけど、いなくなると元気がなくなるというか。そういうことを自分たちもわかっているので『小澤さんがいないと、自分たちはなにもできないのか?』とか話し合うこともあって。小澤さんがいないときこそ、教わったことをしっかりできるようにならないとチームの成長はないので」

選手たちの気持ちの揺らぎは、当然のように島影も知るところではある。これに対して「周りに影響されているだけ。自分たちのやりたいことがない証拠です」と、ぐうの音も出ないほど容赦ない指摘をするが、それでも小澤だけでなく渡辺や大友がグラウンドに訪れた日の島影は、なにも指示することなく彼らに指導を委ねている。

「外部コーチとして来ていただいている以上はお任せしていますし、口を出さないようにしています。僕もそうですけど、誰にだって指導の方向性というものがあって、自分と違うことだってあるわけじゃないですか。そうなったときに『どうしようか?』とそれぞれと話し合って一本化することが僕の仕事だと思っているし、選手たちに対しても『どっちがやりやすい?』と必ず聞くようにはしているので」

とはいえ、別海の舵取り役はあくまで監督の島影だ。選手たちが小澤のいる間は元気よく練習に励み、いなくなると張り詰めた糸のような緊張状態になる様子を目の当たりにしてどう思うのか。ストレートな物言いをすれば、そこへのジレンマはないのか？

島影は「それはないです」と即答し、抱いた感情を述べる。

「そもそも、それを受け入れることができなければ外部コーチを導入するべきではないですよね。甲子園常連校にはうちよりも多いスタッフがいるでしょうし、公立校だってうちみたいに監督、部長、顧問だけでも３、４人になるわけで。結局、チームというのは異なる指導者の意見をどうやってバランスよくまとめて選手に落とし込むかだと思っているので」

小澤が仏でいてくれているから自分は鬼を演じられる。それは渡辺や大友にも言えることだ。だから島影は、己の信念を曲げずに選手たちを鍛え上げることができるのである。

舞台を再び紋別合宿へと移す。

島影に深謀があるとはいえ、選手たちにとっては〝地獄〟という現実が目の前にある。辛いものは辛いのだ。事実、小澤が選手たちを集めてヒアリングすると、彼らは疲弊しきっていた。

「もう、野球やってる意味がわからなくなってきました」

そんな声も漏れてきた。そこで、小澤はあえて「理不尽」という単語を用いて言い聞かせた。

「監督は厳しいし、ときには理不尽だと思うことだってあるよね。でもね、将来、社会に出たら今よりも理不尽なことはいくらだってあるんだよ。みんな、そこを乗り越えて生きていかなきゃいけないんだ。理不尽だと思ってしまうのは、怒られていることに対してまだ一生懸命じゃないからなんじゃないかな。だから、人を恨むんじゃなくて、自分たちがもっと頑張って、うまくなろうよ。お前たちが４倍うまくなれば、監督だってなにも言わなくなるから」

小澤が言った「４倍」に明確な根拠はない。ただ、「それくらいの練習量が今のお前たちには必要なんだよ」というメッセージが口に出たのである。

４倍成長！

合宿最終日の紋別高等学校との練習試合には小澤はいなかったが、帯同していた大友によると、号令のようにその言葉が選手たちから飛び交っていたという。

そしてもうひとつ。この精神もチームに息づくようになっていた。

理不尽を受け入れよう。

選手たちには、健全な反骨心が芽生えていた。

士気を高めたキャプテンの合流

選手たちの士気が下がりつつあったのには、もうひとつの理由があった。

紋別合宿開始時にキャプテンの中道がいなかったのである。〝地獄〟と呼ばれるほどの過酷さにおいてムードメーカーは貴重だ。チームが沈みがちなときに声を張り、場を盛り上げてくれる存在がいることで、それがたとえ空元気だったとしても士気高揚の一助になる。

その起爆剤となるはずだった中道が不在だったのは、合宿直前に祖父を亡くしたからだった。

通夜や告別式なども含め、チームは「1週間は休ませよう」となったが、そうなると紋別合宿には不参加となってしまう。それは当初からわかってのことだったが、不幸の連鎖とも言うべきか、中道の替わりにキャッチャーを務めていた波岡が練習中に怪我をして病院に運ばれるアクシデントもあり、ますますチームの空気が重くなっていたのである。

中道のもとには連日のようにチームメイトから悲痛なメッセージが届く。

〈朝からずっと練習。暑いし、夜も寝れないしヤバい〉

〈練習試合で負けて、監督に怒られた〉

〈もう、ボロボロ〉

仲間たちの想いを受け取った中道が、父の大輔に「チームが辛そうだし、俺、行ったほうがいいのかな?」と様子を窺うと、「いいよ、明日送ってくよ」と言われた。

しかし、このときの中道は気持ちが奮い立つほどではなかったのだと、大輔が回想する。

「亡くなったのがいきなりだったものですから、航太郎も気持ちの整理がついていなかったんでしょうね。正直、そんなに乗り気ではなかったんですよ。ただ、家にいるだけで特にやることはなかったし、チームの心配をするくらいなら『野球も大事なんだし、キャプテンが行けばチームの雰囲気も変わるよ』ということで、葬儀の翌日に紋別に向かいました」

大輔が運転する車でおよそ4時間。その間、特に目立った会話はなかった。チームの拠点が近づいたところでドラッグストアに立ち寄り、冷却シートなど熱中症対策に役立ちそうなものを差し入れとして買い込み、中道はようやくチームに合流した。

「待ってたぞ！ 中道」

それまで厳しさ一辺倒だった島影が笑顔で出迎える。小澤も「チームが大変な状況なのはわかっていると思うけど、自分がうまくなることだけ考えて練習しろよ」と促す。なにより、「やっと来たか！」とチームメイトが喜んでくれている姿に、やる気が漲った。

たった数日間とはいえ、彼らにとっては途方もなく長く、紆余曲折もあった。

最終日となる紋別との練習試合にも敗れ、また監督に怒られた。だが、彼らは「ひとりが欠けてもチームでなくなる」と学んだ。「紋別合宿から、また一段、チームが強くなったと思います」と千田が確信を持てば、厳しさを貫き通した島影も選手たちを称えるように頷く。

「僕も相当、厳しくしてしまって選手たちは精神的にも肉体的にもズタボロの状態だったと思うんです。僕らも彼らも『二度とやりたくない！』って絶対に言うほど辛かったと思うんですけど、頑張って乗り越えてくれましたよね。あの紋別合宿があったからこそ、それぞれが成長するきっかけを作れたと思っています」

〝地獄〟の余韻は、今も残る。余談をひとつ。

中道親子は後日、紋別合宿に向かう途中で差し入れを買うために立ち寄ったドラッグストアに、再び入る機会があった。

「ここに来たら紋別の記憶が一気に蘇ってくる！」

航太郎が叫び、大輔が笑う。

「テレビの天気予報で『紋別市』って出ただけでも嫌がりますからね。それだけの合宿だったってことです。そりゃあ、成長しますよね」

堺と中道。投打の軸のレベルアップ

地獄の見返りは大きかった。

島影が「選手の成長のきっかけになった」という代表格が堺である。紋別合宿後に敢行した札幌遠征で、監督は新エースに対して注文を付ける。

「投げた試合で完投してみろ」

2日間の遠征で組まれたなかで2試合に登板した堺は、監督の期待を上回る2試合連続完封で応えてみせた。このマウンドを通じ、自身も明らかな変化に気づいていた。

「相手チームにはすごく打つ人とそこまで警戒しなくていいバッターがいるなかで、力の使い方というか試合を通したペース配分が掴めて。2年の夏までは全球全力みたいな感じで投げていたんですけど、『そこまで力を入れなくても抑えられるんだな』って」

堺が振り返るように、ピッチャーが9回を投げ切る、ましてや完封するとなるとどこかで省エネが求められる。簡単に言えば、ランナーを出すまでは8割の力で投げる。ランナーを背負った場面でクリーンアップなど要注意バッターにはギアをトップまで上げて全力で投げる。そういったマウンド捌きを堺は習得したわけだ。

このピッチングを実現できた背景には、言うまでもなく紋別合宿があった。自身で「あれはヤバい」と苦悶するほど自分を追い込んだことで基礎体力が上がり、完投能力も備わった。堺の目覚ましい変化には、滅多に褒めない島影ですら脱帽するほどである。

「それまで全力投球しかできなかったピッチャーがしっかり投げ切れるようになって。ベンチから見ていても抜きどころがわかるスタイルになってきたというか、飄々と投げているのが伝わるくらい変わりましたよね」

力が入り過ぎていた。

それは、中道にも言えることだった。バッティングを担当するコーチの小澤が解説する。

「あの子は力んでしまうところがあって。自分が狙っていた球を打ったときはすごくいい形で飛ばすんですけど、ダメなときは本当にダメで。バッティングにおいて『力を抜く』って感覚はすごく難しいんです。最終的にバットにボールが当たるインパクトの瞬間にどれだけ力を与えられるかが大事なので、それまでの力の抜き方を中道には一つひとつ段階を踏ませましたね」

小澤は参考として「一流」を見せた。

プロ野球の現役時代に「天才」と称され、歴代6位の通算510本のホームランを記録した落合博満の動画を送り「ゆっくりした動作からインパクトしていくイメージなんだけど、わかる?」と尋ねても、最初は「まったくわからないです」と返ってきた。「でも、今のお前はこの感覚を身に付けるべきだ」と課題とさせた。

小澤が中道に施した主な部分は「抜きどころ」と「インパクトで力を入れる」ことだ。

バットを構えてテイクバックに入り、スイングの体勢に入る。それまでの中道は、ここからバットを振り切るまで100%の出力だった。そこを、ゼロから徐々に力を高め、インパクト時に出力を最大まで上げ、すぐに脱力させる。言葉や活字で説明する以上に体現するのは難しい。だから小澤は、「最初はわからなくていい」と中道にバットを振らせ続けた。

その様子を動画で撮影させ、自身のメッセージアプリに送らせる。やり取りを繰り返していくうちに「だんだんわかってきました」と反応がよくなり、小澤が中道のスイングや打球を確認しても納得できるレベルにまで到達した。やがて、ふたりにとってのチェックポイントが生まれ、感覚がズレていると感じればティーバッティングやロングティーで微調整する。インパクト時より早く力が抜けていれば、だいたいが弱々しいフライになるため「まだ抜け過ぎているから注意しよう」と意思の疎通が図れるようになった。中道の場合、この再現性を高めるために取り入れたのがツイストで、簡潔に言えば腰を逆回転させながらバットを振り切ることで、インパクト時に力を加えやすくなったという。

ここまでバッティングの練度を高められた中道が、小澤との歩みを誇る。

「小澤さんからいろいろと技術指導をしていただいたことで、緩く構えてから打つって感覚がわかるようになってきて。自分のなかでバッティングが定着してきた実感がありますし、技術も伸びてきたなって思っています」

　バッティングのモデルチェンジを果たしたとはいえ、すぐに結果が得られたわけではない。秋の支部予選前までは、４番として不甲斐ない結果に終わった夏の悔しさが残るあまり「なんとかしないといけない」とまだ肩に力が入っており、不発に終わっていた。

　キャプテン、キャッチャー、４番。様々な責任が中道に覆いかぶさっていた。

　チームの牽引役であるキャプテンは、どのチームでも「怒られ役」になることが多い。人としての成長のために厳しさを打ち出す島影ならばなおさらで、その様子は仲間たちが見ても「辛そうだ」とわかるほどだった。監督からも「お前も俺に向かってこい！」と煽られ、実際に反抗的な態度を取ったこともあるが、自分としてはそれが解決策になるとも思えず「なんで俺ばっかり怒られないといけないんだろう?」と落ち込み、「退部」が浮かんだこともあった。しかし、その度に中道は顔を上げ、思い浮かべる。

「厳しくしてくださっている監督さんや先生方もそうですし、小澤さんや渡辺さん、大友さんとか自分たちのためにわざわざ教えに来てくださるコーチだったり、もちろん仲間だったり。いろんな人たちに自分が支えられて、ここまでやれているんだなと思うと、やっぱり『辞める』とかそういう考えはよくないんだなって思えるようになっていきました」

　中道の苦悩は、島影だってわかっているのだ。だから、釧根支部予選ではあえて中道を７番に据えたのである。打順を降格させた理由はシンプルだ。

「キャプテンになったプレッシャーがあったと思うんですよね。あの頃は、まだ責任を背負って耐えられるだけのものがなかったんで。うちのチームは誰がどう見たってバッティングでの中心選手は中道なんで、伸び伸びさせてみようと思って」

監督の采配は見事に的中した。

釧路江南との代表決定戦では4―1とした5回にダメ押しとなるツーベースヒットを放つなど、予選を通じてバージョンアップしたバッティングを披露する。

打の立役者が中道であれば、投の功労者はエースの堺だ。紋別合宿を通じて習得したペース配分はこの試合でも健在で、3安打、9奪三振、1失点の完投で予選通過を締めくくった。

それは、別海を指揮する島影にとっても「壁」を越えられたと実感できる瞬間でもあった。

「今まで振り返ってもそうなんですけど、釧根支部予選を突破することへの壁みたいなものがあったんですよね。力があった代でも、そこが力みになって代表決定戦で負けるとか、そういうことが多かったんです。中道たちの代はそれを乗り越えたことで気持ちが楽になれただろうし、自信にもなったと思うんですよね。それが全道大会で発揮されたわけです」

秋は4年ぶりの全道大会進出。

新チームが始まった当初はまとまりに欠け、夏休み期間中の地獄の合宿ではこってりと絞られた。そんな道程を歩んできた別海には確固たるチームスタイルが確立されていた。

ピッチャーの堺、キャッチャーの中道、セカンドの千田、ショートの影山、センターの寺澤の安定感。野球ではこの守備位置の総称を「センターライン」と言い、９ポジションのなかでもプレーに関わる頻度など重要度が高いとされるため、ここが盤石であれば試合で大崩れしないとされており、別海にとってもストロングポイントとなっていた。要するに、支部予選の代表決定戦のようにセンターラインで守りを引き締め、ポイントゲッターである中道までチャンスを回せば勝算はあると、島影は手応えを掴んでいたのである。

「甲子園を狙えるかもしれない」

指導者たちから可能性を示されたチームは、この大会で大躍進を果たす。

劇的なサヨナラホームランで全道大会初勝利

天然物と見紛うほど青々と光った人工芝。３６０度に広がるスタンドは雄大に屹立しており、銀色の屋根は全ての音を柔らかく吸収し、最大出力で反響させるような丸みを帯びている。別海の選手たちが初めて降り立った札幌ドーム（現：大和ハウスプレミストドーム）は、それほど雄大で、美しかった。

23年の全道大会は、高校野球の公式戦としては初めて札幌ドームでの開催となった。今までとは違う空気を吸うことも選手たちの気分を高める材料ではあったはずだが、それ以前から別海のテンションは高かった。

「この大会で絶対に2勝するぞ！　準決勝までは行くからな！」

選手たちにこそ「21世紀枠で選抜に行けるかもしれない」とは伝えていなかったが、島影は「初勝利だけではここに来た意味がない」と息巻いてみせていた。

最初にその可能性を示したコーチの小澤も、監督に乗っかる。

「甲子園に出られれば監督のためにもなるんだから、盛り上げるよ」

義理堅く島影に断りを入れて臨んでいた小澤が、選手たちをこれでもかと盛り上げる。そのなかでも、チームのキーマンのひとりであるキャプテンの中道には特に気持ちを昂らせた。

「今までやってきた練習を出せば、ドームで長打出るよ！」

中道自身、目の前に広がる札幌ドームを見渡しながら「そりゃあ、打てればいいけど」と思っていたが、それよりも、この前年までプロ野球の北海道日本ハムファイターズが本拠地として使用していたスタジアムでこれから試合ができることのほうが嬉しかった。

苫小牧中央高等学校との初戦。試合が動いたのは2回、中道のバットからだった。

この回の先頭バッターとなる4番バッターの立藏諄介がフォアボールで出塁するとすかさず盗塁を決め、ノーアウト二塁のチャンスを作る。その後、堺と鎌田侑寿紀が倒れ2アウトとなったところで、7番の中道が相手左腕の渡邉大仁からレフトフェンス直撃のツーベースを放ち、いきなり小澤の予言を的中させた。「大会の第1打席で打てたっていうことで、自分でも乗っていけたかなって思っています」と、中道も納得の一打だった。

試合は一進一退の展開となった。先制した別海だったが5回に同点とされ、8回には勝ち越しを許したが、その裏、先頭の波岡が左中間を深々と破るスリーベースヒットでノーアウト三塁と同点のチャンスを演出する。

ここで打席に立つ影山は「スクイズだろうな」と思った。野球での2番バッターの役割とはバントが多く、この試合のように1点を争う接戦であれば「長打を狙うようなチームではない」と監督も認めているだけに、十中八九スクイズのはずだった。

「任せた！」

監督からそう叫び、影山を送り出した背景を述べる。

「まあ、普通だとスクイズですよね。でも、あのときは、試合の流れで失敗したときのリスクを考えたんです。影山はバントもできますけどバッティングもいいんです。だったら、スクイズをさせて失敗して、ベンチを『はぁ……』って落胆させるより、打たせて凡打になっても『次だ、次！』って前向きになれると思ったんですね。そうすれば、次のバッターの千田にもスクイズのサインを出しやすくなるだろうし。だから腹を決めましたね」

この采配に影山は純粋に嬉しく、テンションがさらに上がった。

「自分に任せてくれるんだ。信頼されているのかな」

監督が信頼するに足るだけの取り組みを、影山はしてきた。

実家が酪農家である影山は将来的に家業を継ぐことを決めている。「それなら高校から専門的な知識を学んだほうがいい」と、野球部にいる酪農家の子供たちが普通科に進学するなか、唯一、専門学科の酪農経営科を専攻した。

「自分が思っていたよりも実習が多くて、普通科より違う難しさがあって『この選択は正しかったのかな?』って疑問に思うこともあったんですけど、今思えばよかったなって」

1年時は実習が多数組まれていたことで、練習開始からチームに合流することができない日が多かった。高校から本格的にショートをやることとなった影山にとっては大きく出遅れることとなり、しかも寮生だったことから夕食の時間が決められているため、平日は全体練習が終わってからの自主練習ができなかった。その分、土日は練習試合があろうとも夕方には終わるため、そこから帰宅するギリギリまでひたすらノックを受けた。最初の1年間は「守備に全振りしてました」というほど徹底しており、体力的にも余裕が生まれた2年生からはバッティングも自主練に取り入れるようになっていった。

そんな努力が目に見える形となって結実した打席こそ、この試合の8回だった。そこにはいつも以上に冷静で、研ぎ澄まされた影山がいた。

「内野が前進していたので、その頭上を越える打球を意識していましたね。2打席目にセンター前にヒット打っていて、その次の打席もライトフライだったんで『外の球では攻めてこないだろう』と思っていたんでインコースを張っていました」

影山の読み通り、インコースのボールを「バットを押し込むように出した」と巧みに捌いた打球がライト前に落ちる。終盤の同点打は会心の一打だった。

「あっちに行きかけた流れを引き寄せられたのは大きかったですね。自分のなかではなかなかいいバッティングだったんで、打ててよかったっす」

その直後の9回表、2アウト満塁から先発で奮闘してきた堺が2アウトから押し出しフォアボールを与えてしまい再び勝ち越されてしまうが、別海は冷静だった。9回裏の先頭である鎌田が冷静に打席で構える。

ボール、ストライク、ファウル、ファウル……とにかく粘る。それは、鎌田自身が意識しているプレースタイルでもある。

「気持ちの面で『繋ぐ』っていうのが強いので、初球の厳しいコースは絶対に振らないようにしていますし、ストライクゾーンに甘く入ってきたボールでも見逃すことは多いですね。そこで追い込まれたとしてもゾーンを広く保って、できるだけボールをカットしてっていう」

身長170センチと小柄なこともあり「長打が打てるバッターではない」と自覚する鎌田は、自身にとって逆方向となるライトへ打つことを鉄則としている。極端に言えば「ファウルはOK」のスタンスで、ギリギリまで自分の懐までボールを呼び込み、シャープにバットを出す。その再現性を高めるため、練習ではティーバッティングからそれを徹底している。

下級生でありながら、すでにそんないぶし銀気質を確立させている鎌田がフォアボールで出塁し、中道に打席が回ってきた。1打席目でツーベースヒットを打って以降は抑えられていたが、手元には好感触がまだ残っている。なにより彼をポジティブにさせたのは、マウンドにはまだ先発の渡邉が立っていることだった。

「決めてこい！」

ベンチの堺から託される。それでも、中道には自分で決めようという意識は薄く「うしろのバッターに繋げてチャンスを広げよう」と打席に立つ。それは、カウント2ボール2ストライクから2球連続ファウルで粘った姿勢からも偽りがないことだった。

そして7球目。中道がバットを振り抜く。

打ったボールはストレートだが、コースまではよくわからなかった。ただ捉えた――そう思えるほど感触はよかった。レフトへ飛んでいく打球を見ながら全速力で走っていると、打球が突然消えた。中道が「外野の頭は越えるだろう」と思っていたボールは、レフトスタンド最前列まで到達したのである。

高校生による「札幌ドーム初ホームラン」は、劇的すぎる終幕の一発となった。

「ホームランを打てるなんて考えていなかったんで、スタンドに入ったときは自分が一番びっくりしたんじゃないですかね」

ダイヤモンドを一周し、ホームベースを踏みしめたキャプテンはチームメイトからもみくちゃにされ祝福を受けた。打った瞬間こそ自身のホームランに懐疑的だった中道だったが、勝利を実感すると同時にそこへの感情も湧き上がってきた。

「札幌ドームで打てて気持ちよかったです。最高でした」

島影の「5年で全道大会勝利」の宣言から遅れること約2年。創部45年目での全道大会初勝利は、これ以上ないほどドラマティックな達成となった。

試合があった日の夜。中道のスマートフォンはＬＩＮＥの着信音が鳴りやまなかった。そのすべてが全道大会初勝利とサヨナラホームランへの祝福メッセージで、最初こそ律儀に返信していたが「このままだときりがない」と悟り、眠りに就いた。

「こんだけ反響があるもんなんだなぁ」

全道初勝利の殊勲者は、勝利の余韻に浸っていた。

勝利を呼び込んだエースのベストピッチング

北見市でカイロプラクティックの治療院を運営する佐々木護は、別海の公式戦が始まるとチームに帯同して選手の肉体をほぐす。彼もまた島影との付き合いは長く、武修館時代まで遡る。外部コーチの渡辺を介して「大会中にマッサージをしてくれる人を探している」と依頼されてから、かれこれ15年ほど経っている。

かつてはアルペンスキーで１９８４年のサラエボオリンピックに出場した岩谷高峰など、トップアスリートの体のメンテナンスも担当した経験があるだけに、佐々木の手はスポーツ選手、一般人を問わずあらゆる筋肉に精通している。

佐々木の仕事は入念だ。全道大会では3日前にチームに合流していた。その大きな目的は、エースの堺をトップコンディションにするまで筋肉をほぐし続けるためである。

本来、アスリートとは、佐々木が担当した岩谷や2010年夏に北北海道大会で準優勝した武修館のエース・上田昌人がそうだったように筋肉の質は非常に柔らかいのだというが、堺は真逆で「ものすごく固い」という。そのため、しかるべきプロセスを経てしっかりと筋肉をほぐす必要があるのだと、佐々木が説明する。

「筋肉の柔らかい人は、それなりの強度でマッサージをするとすぐにほぐれるんですが、堺の場合は筋肉を強く刺激すると次の日に痛みや不調を訴える〝揉み返し〟という症状が出てしまうんですね。ですから、最初に強くマッサージして、揉み返しが来たら徐々にほぐしていくと3日後には本当に体が軽くなる。そういうタイプなんです」

苫小牧中央戦で失点しながらも粘って完投できた背景には佐々木のサポートがあったわけだが、そんな堺が「ベストだった」と挙げたのが準々決勝の知内戦である。

1回表。まだ堺がマウンドに上がる前から、別海打線がエースを援護する。リードオフマンの波岡が内野安打で出塁すると、影山の送りバントで1アウト二塁と先制のチャンスを作ったところで、3番バッターの千田が打席に立つ。

苫小牧中央との試合が終わってから知内戦までの2日間で、相手エースでサウスポーの新井田匠の対策に講じてきた。全道大会出場を受けて20年のエースで星槎道都大でプレーする左腕の西川瑠恩が駆けつけ、バッティングピッチャーを買って出てくれたことも大きかったが、チーム唯一の左ピッチャーである篠原有来が連日投げてくれたことで、より「相手のイメージを付けることができた」のだと自信を持つことができたという。

支部予選から肩甲骨を痛めており満足のいく練習ができていなかったがチームのためにひたすら腕を振った篠原は、ストレートの最速は「120キロくらいです」と自嘲気味に笑う。そんな男が意識した献身こそ、「できる限り投げる」だったのだ。

「怪我をして出遅れてチームに迷惑をかけてしまったっていうこともあったので、自分としてもなにかしたいと思っていたので。練習では『できるだけ左ピッチャーのイメージを付けてもらえるように』って全員に投げていましたね」

変化球はカーブ、スライダー、ツーシームと最低限の球種を扱うことができるため、いくら篠原の球速がそこまで速くないとはいえ、左ピッチャーの球筋をバッターに見せることはできる。もしかしたら、速くないからこそよりイメージしやすかったとも言える。

そして千田は、打席でイメージ通りのバッティングを実現させた。

カウント1ボール1ストライクからの3球目。外角高めのストレートを振り抜くと、打球はライトを越えるツーベースヒットとなった。

「篠原のおかげで自信が付いていましたし、波岡と影山が繋いでくれたチャンスだったので、なんとか1本打ちたいと思っていました」

打線のお膳立てもあり、堺がベストパフォーマンスを発揮する。

1回、3人を2奪三振のパーフェクトで抑えると、2回も3者凡退と完璧な立ち上がりを披露する。それまでの試合と違っていたのは三振の数で、5回までに5奪三振と快調に飛ばせていた裏側を堺が解説する。

「支部なら相手によっては三振を多く取れるんですけど、全道だと空振りを狙っていたボールを当てられてくると思っていたんで全体的に力を入れて投げていました。そこで、スライダーで空振りが結構取れたり、真っ直ぐは詰まらせることができたりっていう自分のピッチングを通せたなかで三振も増えたのかなと思っています」

後輩の鎌田が「おちゃらけてます」と密告するように普段の堺は表情豊かだが、マウンドでは「感情を悟られないように」とあえてポーカーフェイスを意識する。この試合でも、6回に同点に追いつかれても顔色ひとつ変えずに淡々と投げ、9回まで5安打、10奪三振とエースとしての役目を果たす。そして、延長10回に再び打線が援護する。

ノーアウト一、二塁から攻撃が始まるタイブレークは、先頭バッターの打順にもよるが大抵のケースは送りバントを敢行することが多い。別海も小技が得意な6番の鎌田からスタートするだけにセオリー通りに動いた。

「あそこでバントが決まって、ワンアウト二、三塁にしても次の中道が歩かされると思ったんで、『打たせれば2点取れるかな？』とか考えたんですけど、いろんなことができる鎌田だけになんとかしてくれるだろうと思い」

鎌田は監督の期待に応え、初球に絶妙な勢いのゴロをピッチャー前へと転がす内野安打で、ノーアウト満塁とチャンスを拡大させたのである。

サヨナラホームランで試合を決めた苫小牧中央戦とは打って変わり、この試合では「全くいいイメージがなかった」と中道は振り返る。

鎌田が作ってくれたビッグチャンスで打席に立ってもその感覚に変わりはなかったが、ひとつ確信があるとすれば「自分にストレートは投げてこないだろう」ということだった。

「自分が凡打した打席っていうのは全部、変化球だったんです。だから、そこだけを狙って打席に入っていたと思います」

その傾向は知内のピッチャーが新井田から2番手の手塚桜ノ助に代わってからも同じで、迷いはなかった。3球目。中道の回想によると、おそらくは縦に変化するスライダーだったそうだ。バットを振り抜くと打球はレフト線へ鋭く飛んだ。走者一掃のツーベースヒット。中道の2試合連続の大仕事によって、別海はこの回に一挙3点をもぎ取った。

10回裏に堺が2点を返されるも、最後のバッターを三振に打ち取り4—3で逃げ切った。2試合連続で130球以上の球数を費やしながらもフルスロットルで投げ抜き、チームに勝利をもたらしたエースは、この試合で自分の力は北海道でも通用すると自覚できた。

「レベルが高いチームに対してここまで投げられたことは達成感に繋がりました」

全道大会ベスト４。

島影をして「死闘を制した」と言わしめた別海は、甲子園への〝最低条件〟をクリアした。

ミスが重なりベスト４で敗北

一発勝負のトーナメントで出場校を決める夏の甲子園と違い、春は「選抜」と銘打たれているだけあって試合内容も非常に大事となる。

北海道の出場は１枠のため一般選考では秋の優勝校がほぼ当確となるが、２枠の中国と四国地方ならば決勝に進出した２校が自動的に選ばれるかと言えば決してそうではない。例えば、決勝戦が広島県同士の対決となり大差がついたとする。そこでもし、準決勝で岡山県の高校が優勝校に０―１などで惜敗していたとすれば地域性なども考慮されるため一躍、甲子園出場の芽が出てくる、という構図となるわけだ。

これに倣えば、別海とていくら全道大会でベスト４まで進出し甲子園に大きく前進したとはいえ、大敗などしようものならばたちまち脱落の対象とみなされるのである。

そういった意味では、北海との準決勝はこれ以上ない試金石となる。

結果が物語るように、全道大会での2試合は別海らしさを出していた。エースの堺と中道のバッテリーが機能し、なによりノーエラーとチームのストロングポイントであるセンターラインが安定していたことで攻撃へと流れを作り、そして接戦をものにしてきた。

それが北海との試合では、開始直後にいきなり崩れた。

1回裏。堺が先頭バッターの谷川凌駕をレフトフライに打ち取り、2番の幌村魅影に対してもうまく的を外して力ない打球を上げさせる。セカンドの千田にとってもそれはイージーなフライであり、なんなく捕球したかに思えた瞬間、ボールが地面にこぼれ落ちた。

千田が悔やむように一連のプレーを振り返る。

「自分でも捕った感触があったんで、そこで安心してしまって。すぐにボールを握り替えようとした瞬間に落としてしまって。普段の練習から、フライはしっかりとボールに目を付けながら追って、捕球したら拝むように胸元に近づける〝目付け・拝み〟を心掛けてやってきたのに、ちょっとした油断が出てしまったのかなって」

野球においてエアポケットのようなプレーが起こると失点につながってしまうケースが多く、このミスがまさにそうだったからこそ千田は猛省するのである。

持ち味である守備でリズムを崩した別海は、この直後に3番・宮下温人、4番・大石広那に2者連続でツーベースヒットを許して2点を先制されてしまう。ややもすれば、一方的な展開になりがちな出だしだったこのゲームを引き締めたのがエースの堺である。

3連投ではあるが、3日連続登板ではない。しかも、トレーナーの佐々木の施術によって筋肉がほぐれた状態を保てていることから疲労度を感じていなかった堺は、それまでの2試合と同じように淡々と腕を振った。幌村、宮下、大石とこの年の夏の甲子園ベスト16を経験するメンバーが多数残る強豪相手に、2回以降はインコースにストレート、アウトコースにはスライダーをうまく投げ分けて的を絞らせずスコアボードに0点を並べた。

「相手バッターに対応されている印象があって空振りとかも全然取れなかったんですけど、自分の形で打ち取れることも結構あったんで。最終的には崩れてしまって、あっちのペースにもっていかれちゃったのは自分の弱さとして反省はあるんですけど、強豪校にもある程度は自分の力が通用するんだなってわかりました」

自分のピッチングに対する収穫を語った堺が「弱さ」を確認したのが8回である。別海にとってこの回の攻防が、第2のターニングポイントとも言える場面でもあった。

8回表。先頭バッターの7番・中道がライト前へのヒットで出塁すると、続く寺澤がフォアボールで出塁し、代打の安達伶音もボールを見極め2者連続フォアボールでノーアウト満塁のビッグチャンスを作る。1番の波岡が三振に倒れ1アウトとなるが、2番の影山はこの間、ネクストバッターズサークルで2番手としてマウンドに上がったばかりの1年生右腕・松田収司のピッチングを冷静に分析していた。

「カーブしか狙ってなかったです。松田収司はストレートが速いんですけど、カーブってほわーんって浮き上がってくる軌道だったんで、それなら自分でも全然、対応できると思っていたし『多分、カーブを投げてくるだろう』って勘もあったんで」

コンマ数秒。その一瞬が明暗を分けた。

松田の3球目。カーブを捉えた影山が「気持ち待ったほうがよかったかな」と振り返る。三遊間に飛んだ鋭いゴロはレフトに到達することなく相手ショートの幌村に捕られる。ここで、今度は別海に走塁ミスが出てしまう。

二塁ランナーだった寺澤が反省を口にする。

「ショートの守備力を見誤ってしまっていたことが大きな問題ではあったんですけど、あの場面では本当に1点欲しかったんで、そういう気持ちがプレーに出てしまったというか、あの状況で三塁に投げてくるとは思っていなかったので」

影山の打球が三遊間への深い打球だったためファーストに投げても間に合わず、かといってセカンドへ送球するには大勢が窮屈すぎる。したがって、ストレスなく投げられる場所と言えば三塁ベースしかない。本来ならばランナーもこれらの状況を整理したうえでの走塁――この場面では「三塁ベースへスライディングする」ことを大前提としなければならなかった。そうすれば、1点を返しなおも1アウト満塁とチャンスを継続できた可能性もあった。

「しまった！」

ホームへ勢いよく突入するために三塁ベースまで直線ではなく、外側へ膨らませて走路を作っていた寺澤は自分の判断ミスにすぐ気付いたが、時すでに遅しだった。幌村に素早く三塁へと送球され憤死。1点は返したものの2アウト一、二塁とむしろチャンスを潰す結果となり、同点に追いつくことができなかった。勢いを絶たれた別海は、その裏、自らの弱さを認めた堺がこの回だけで4四死球とコントロールを乱して4失点とノックアウトされてしまった。

1―6。

優勝候補と呼ばれた強豪相手にこのスコアは善戦と評価されてもいいだろう。しかし、別海からすれば、どうしても「たら・れば」がつきまとう試合となった。もし、初回に千田が〝目付け・拝み〟を徹底していたら。8回に寺澤がはじめから三塁で止まる走塁をしていれば……。

島影は「あの試合は勝てた」と思っていただけに、そういったちょっとした隙を埋めきれなかった自分を責めるように顔を下げる。

「初回のエラーだって、試合前にもっと気を引き締めさせていれば起こらなかったことかもしれませんし、8回の走塁ミスにしてもそうですよね。北海さんレベルのチームであれば、ああいったプレーは当然、練習しているんです。だから、満塁になった時点でランナーや三塁コーチャーに伝令で指示を出さないといけなかったんです。堺は体力的に限界だったと思うんですけど、よく投げてくれましたよ。だからこそ、もっといい試合をしなくちゃいけなかったよなっていう反省のほうが強いですね」

気休めにもならないだろうが、別海にとって収穫があったとすれば失点につながる、得点をふいにする致命的なミスがありながらも試合を壊さなかったことだ。

この秋、島影が選手たちに植え付けてきたテーマがある。

「じたばたするなよ、『どっしりいこうぜ大作戦』だぞ！」

リードしている展開や勢いのある場面ではなく、北海戦のようにミスが重なっているときにこそ、地に足を付けてプレーすることを監督はチームに求めていた。エースの堺がゲームを引き締めたことも大きいが、少なくとも強豪相手に7回までは互角の勝負を演じたことが、この「どっしりいこう」を体現していたことになる。

なにより、北海が全道大会を制したことにより、ベスト4まで勝ち進んだ別海の実力は世間に認められることとなった。

大会の選手登録人数が20人に対し、別海のベンチ入りメンバーは16人。マネージャーを含めても部員は19人しかない。

別海とは、どんなチームなのか？ 高校野球界でにわかに関心が高まる。

それは、別海の選抜出場が現実味を帯びてきた証拠でもあった。

白球フロンティア

第5章
「大人たちの情熱」

野球部部長、奮闘の日々

砂田純平には「1年目」の引きの強さがある。

まだ教員採用試験に合格していなかった2007年。「期限付き教員」として赴任した中標津で野球部の副部長となり、チームは夏に北北海道大会でベスト4まで勝ち進んだ。13年に異動した標津では、部員が16人ながら夏に釧根支部予選を突破して北北海道大会に出場する快挙を、部長として見届けている。

そして23年。別海に赴任した砂田は野球部の部長となった。選手16人、マネージャーを入れても19人のチームは「全道大会」と呼ばれる秋の北海道大会で同校にとっての初勝利を含む2勝を挙げ、ベスト4まで勝ち上がった。

「引きだけは強いかもしれませんね」

不思議そうに首をかしげるほどの強運を引き寄せる砂田だが、今までの2校と別海が決定的に違うことは、それが甲子園に直結するか否かである。

別海がベスト4まで進出したことで、可能性は低いが翌年の3月に甲子園で開催される選抜大会の一般選考枠の候補にエントリーされる。そのため、まずは北海道高等学校野球連盟に提出するための書類作成に取り掛かることとなった。ここから、砂田の奮闘の日々が始まる。

野球部の部長であり、指導者でもある。今の砂田はそんな立ち位置だ。

かといって、学生時代から「将来は高校野球の監督に」と不変の志があったわけではなく、帯広南商から札幌学院大学までプレーヤーを続けたのち、教師の道を目指すこととなった。

キャリアのはじまりは十勝にある清水高等学校で、期限付きの教諭を経て前述したように中標津、そして標津では部長と監督を歴任し、同校在任期間中で教員採用試験に合格している。そこから足寄高等学校に赴任し、ここでも野球部の部長を経て別海へとたどり着いた。

砂田の経歴を見てもわかるように、野球の指導者ではあるが部長歴が長い。

野球部の部長は砂田のように選手に指導をする者も多いが、事務仕事も同時にこなさなければならない。わかりやすいところで言えばメディア対応だ。チームの窓口となる部長が段取りを組み、取材当日の交通整理などを行う。別海に来るまでもそういった業務は当然のようにこなしていたため慣れてはいたが、23年の秋以降は砂田の想定のレベルをはるかに超えていた。

「あんまり大きな声では言えませんけど、仕事量は多かったんじゃないですかね」

12月に入ると、北海道高野連から「21世紀枠の候補として推薦されるかもしれない」と連絡が入った。そして、そのことが正式に発表される8日が迫るとメディアからの問い合わせが殺到する。砂田からすれば、仮に候補に選ばれたとしても甲子園が決まったわけではないため、取材があるのかすら懐疑的で「来るんだ」といった認識でしかなかったが、その数の多さから「会見スタイルでやります」と取り決めた。

そこで砂田は、別海野球部の説明とともに町の現状もアピールした。

人口約1万4000人のおよそ8倍にも上る乳牛を飼っている「日本一の酪農の町」。聞こえはいいが、近年では資材の高騰や新型コロナウイルスの感染拡大の影響もあって生乳が余っている。それは、バターなどの乳製品の過剰在庫を防ぐといった目的のため国が生産調整を行っていることも一因としてある。かといって搾乳を止めてしまえば乳牛が乳房炎を起こし、最悪のケースになれば食肉に回されるといった状況に陥りかねない。そういった酪農家たちの現実を、砂田は文章にまとめてプリントしメディアに配布した。

それらは、別海が21世紀枠の候補として甲子園に出場するための作業の一環でもあった。

同枠の最終候補9校に選ばれた時点で、選抜の選考委員会にプレゼンするための資料の提出を北海道高野連から求められており、別海のバックグラウンドを伝えるために町役場からパンフレットや統計データなどを取り寄せ、酪農といった町の特色から「最低気温が0度未満の冬日が1年の平均で半年以上ある」といった環境面まで幅広く情報を仕入れていた。

砂田が作成した資料をもとに、選考委員会にプレゼンする北海道高野連と何度もヒアリングを重ね、互いに推薦文の草案を吟味する。

「資料にあることは調べれば誰でもわかるから、ほかのこともアピールしたほうがいい」

北海道高野連から問い合わせがあれば、砂田は野球部や町の情報を提供する。

「札幌からも来てるんだ。珍しいですね」

「生徒たちにも事情があるので全部は発表できないと思いますけど」

事象を細かく詰め、新たな情報も盛り込む。まさしく、根気のいる作業だった。これを、砂田は教師という本分をこなしながら進めていたのである。

砂田が懐かしむ。

「12月に入ってから、ずっとそんな感じでしたよ。21世紀枠の最終候補に選ばれた8日からはわけがわからないことだらけでしたね。初めてのことばかりだったので」

手作りの室内練習場

キャプテンの中道航太郎の父で「硬式野球部父母の会」の会長でもある大輔は、酪農に並ぶ別海町の目玉産業であるホタテ、秋サケ漁を生業としている。

1月から最長で5月まではホタテ漁に勤しみ、6月から8月までは秋サケを獲るための定置網を海域に設置する。9月から11月までの水揚げ時期を経て、12月は束の間のオフに入る。

「いつもなら12月は温泉に行って休んだり、本当になんにもしないんですけど、去年（23年）は野球のことでめちゃくちゃ忙しかったです。21世紀枠の候補に選ばれてから校長先生と父母会で後援会を作る準備を始めて。選抜が決まってから作ったのでは遅いですから」

別海の織井恒校長を事務局長とし、父母会と連携した後援会を立ち上げるにあたって奔走したのが中道であり、寺澤佑翔の父・淳司だった。町役場勤務であることから町との折衝を任せやすく、織井や砂田、中道たちが「いろいろ動いてくれたのが寺澤さん」と口を揃えるほど陰の功労者でもある。

寺澤が「いやいやぁ」と顔の前で手を振る。

「そんなことはないですけどね。まあ、結果的に忙しくなったのは事実ですけど。中道さんとか父母会のみなさんは本業の片手間で動いてくれるわけですし、僕も役場の職員と言ってもあくまで父母会として動いていましたから、そこは『学校とうまく連携しながらやっていきましょう』ということで立ち上げの準備をしていたって流れですかね」

寺澤がそう断りを入れながら謙遜しても、やはり「役場勤め」は絶大な効力を発揮する。

このとき別海野球部の懸案事項のひとつに冬場の練習環境があった。12月に入れば積雪のためグラウンドでの練習は不可能となる。農業用ビニールハウス仕立ての室内練習場があるとはいえ、バッティングは5か所程度のティーバッティングをするスペースしかなく、守備練習ではゴロ捕球くらいしかできない。

「こういう施設だからこそ基礎練習を疎かにせずできるんです。内野手ならしっかり下半身を使ってゴロを正面で捕るとか、バッティングならしっかりバットの芯で捉えるとか。そういうことを冬の間にしっかりできるからこそ、粘り強さが出るんじゃないかなと思います。まあ、ハンデではあるのかもしれないですけど、それを言っても始まらないんで」

監督の島影隆啓はこのようにプラスと捉えているが、これは平時のことであって今回は事情が違う。まだ決まっていないにせよ､甲子園という未来が待っているのかもしれないのである。島影自身も秋の全道大会が終わってから「甲子園に行くつもりで練習するからな」と、例年以上の強度で鍛えていく旨をチームに伝えている。だからこそ、ビニールハウスでの「基礎」以上の力を身に付けなければならないのである。

そこで必要となってくるのが、より広い室内練習場の確保なわけだ。当然、別海には新規で建てるだけの時間がなければ資金もない。つまり、既存の施設から適した場所を探し当てなければならないのだが、ここで役場勤務の寺澤が動いてくれたことで町のコミュニティセンターを自由に使用できることとなった。

父母会としては当初、業者に設計から組み立てまでを依頼するつもりだったが、予算と工期の都合で「安く、年内までに」という意向に沿って自分たちの手で作ることとなった。なぜなら、漁師の中道ら手に職を持つ人材が父母会のみならず地域には大勢いるからだ。

町の力が結集する。

陣頭指揮を執る父母会長の中道が、知り合いの漁網業者から定価よりも安く網を発注し、コミュニティセンター内を室内練習場にするための設計も手配する。ここから手腕を発揮したのが、鎌田侑寿紀の父で農機具の修繕を手掛ける仕事に就く正勝だ。室内に防球ネットを張るために必要なワイヤーはもちろん、それを設置するための工具やパイプなどを用意する。準備が整うと鎌田をはじめ、組み立て作業が得意な千田涼太の父・和幸や影山航大の父・健一らの酪農家など様々な職種の人間が加わり、手際よく作業を進めていく。鎌田が目を細める。

「みなさんの『子供たちに1日でも早くここで野球をやらせたい』って想いですよ。だって、ワイヤーを張る作業だけでも部員のお父さん、お母さんだけじゃなくて、40、50人は集まっていたんじゃないかな？　お金を出せばなんでも買えるんでしょうけど、限られた予算のなかでみんなが知恵を絞って協力し合って、少しでも本州の高校に負けないくらいの環境を整えてあげたいっていう気持ちがありましたよね」

ワイヤーの設置が完了し、網が到着してからは漁師・中道の本領発揮である。応援に駆けつけてくれた漁師仲間たちとともに、網を1枚、1枚広げ、ワイヤーに繋ぎ合わせていく。本職と言えば本職のためその手際は抜群で、網が到着してからわずか2時間程度で作業は完了した。そして、最終仕上げとして学校にあるバッティングケージとマシンを、鎌田が会社の4トントラックを拝借して運び、お手製の室内練習場が完成した。12月中旬に「コミュニティセンターで作ろう」と決めてから約半月後という早さだった。

中道がしみじみと語る。

「報道とかでは自分がやった、みたいに出るんですけどそうではなくて。確かに声をかけたのは自分ですけど、最初にいろいろと段取りをつけてくれたのは鎌田さんですし、千田さん、影山さんとか作業に慣れている方々が動いてくださったおかげなんです。だって、自分ひとりで動いていたら、あんなに早く完成していませんよ」

町による、野球部のための練習場。

子供たちのため。甲子園のため――作り手のぬくもりが、そこには満ちていた。

冬場にアルバイト。メリハリの効いたシーズンオフ

冬休み期間に入る12月下旬になると、島影はチームたちに必ずアルバイトをさせている。それは、監督としてというより、むしろ人生の先輩としての教えと言える。

公立は私立より圧倒的に予算が少ないため、春の遠征費の補填といった実用的な目的もあるが、一番は部員に「感謝の気持ちを抱かせる」ところにある。

「自分の高校時代を振り返っても、道具を買ったり遠征に行かせてもらったりすることが『当たり前』という感覚だったというか。もちろん、親たちには感謝していたんですが本当にその意味が分かっていたのかと考えると、きっとそうじゃなかったと思うんですね。特に今って、グローブひとつとっても僕が高校の頃よりも何万円も高くなっているんです。道具はバットでもなんでもいいんですけど、自分で働いてお金を稼ぐことによって『お父さん、お母さんたちは何日も働いて自分の道具を買ってくれたり、遠征費を賄ってくれたりしているんだ』ということが必ずわかるし、さらに感謝の気持ちも強くなると思うんです」

島影が武修館で監督をしていた頃から導入していることで、アルバイト先は部員に決めさせているという。以前までは年末年始に郵便局で年賀状配達のアルバイトを志願する者が多かったが現在ではできなくなっているため、実家が酪農であれば手伝えばいいし、なかには島影一家が経営するセイコーマートしまかげ中春別店の店頭に立っていた部員もいたそうだ。

島影の言う「感謝」とは、なにも親だけを指しているわけではない。

部員たちが様々なアルバイト先で働くことによって、地域との繋がりも生まれる。「別海野球部」というだけで採用してくれるところがあれば、「応援してくれているんだから仕事も野球も頑張ろう」となる。そうでなかったとしても仕事の頑張りを評価してもらえれば、ゆくゆくはアルバイト先の従業員に別海野球部を支援してもらえるかもしれない。

町があって、自分たちは野球をさせてもらえている。

そんなモチベーションも芽生えればより野球に精進でき、結果を出すことができればコミュニティセンターに自家製の室内練習場を作ってくれたように地域はより協力してくれる。野球部だけではなく、人と町が共存してこそ、そこには活気と熱気が生まれてくるのである。

例年ならば3週間ほどあるアルバイト期間を、23年は10日間ほどに短縮したのは、もちろん甲子園を見据えてのことだった。少しでも練習することが親への感謝の体現となるし、地域貢献にもなっていく。別海野球部は本気で選抜に出るつもりで汗を流していた。

「甲子園に行くつもりで練習するからな。選抜に出られなかったとしても、この冬の期間の取り組みは必ず夏に繋がると思ってやれよ」

島影の号令に部員たちが気を吐く。

だからといって、そこには悲壮感が漂っているわけではなく、緊張感が張り詰めているわけでもない。どちらかといえば、陽気な空気が流れている日だって少なくはなかった。

共通の音楽アプリを通じてそれぞれがお気に入りの曲をキャプテンの中道に送り、集めたものでプレイリストを作って練習中に流す。現役高校生に人気のある曲もあれば、影山のように「お父さんとお母さんが聞いてたから」と、岡本真夜の『TOMORROW』といった懐かしの名曲をチョイスする者もいる。

若者たちは各々の曲をバックにテンションを上げる。

すでに場をわきまえるようになっていた中道が、大声を出してチームを盛り上げる。呼応するようにチームメイトも乗ってくるがはしゃぎすぎることはなく、新たな矛先へとロックオンする。堺がいたずらっぽく笑う。

「表立って盛り上げたりはっちゃけたりするのは中道なんですけど、あいつは放っておいてもやってるんで。それよりも、普段はうるさくない人を巻き込んだほうが面白いというか」

ターゲットは何人かいる。

まずは篠原有来だ。中学の後輩である鎌田が「中学時代はあんまり喋っているところを見たことがない」と言うほど物静かだった男は、高校で仲間たちからいじられて〝キャラ変〟し、コミュニケーション能力が格段に上がった。それは本人も認めるところである。

「中学で静かだったのは自分でもわかってて。でも、高校に入ってからは千田涼太とかうるさいキャラが増えて、いつの間にかいじられるようになったんで喋るようになりましたかね。みんな元気なんで、自分も乗せられてるのはあるのかもしれないです」

篠原から出た千田こそ、チームメイトの〝能力開発〟の急先鋒のような存在である。本人にそのことを確認しても「自分はそんなことないですよ」と笑うだけだが、ほかの選手に聞くと異口同音に「千田」と真っ先に出る。

その千田が篠原以上に〝キャラ変〟を促している部員として挙げるのが、副キャプテンの寺澤である。実直で真面目な一方で、少し融通が利かない一面もあるため「もっとみんなと溶け込め」とばかりに、ことあるごとに突っ込むことが増えたのだという。

千田が口角を上げながら〝寺澤推し〟の裏を語る。

「新チームが始まったときから、いろいろとチームのために動いてくれているのはみんなわかっているんですけど、自分のなかで『まだよさが出てないな』っていうのがあって。それって自分だけが思っていることじゃなくてチームのみんなもそうだし、コーチの小澤さんからも『あいつのよさを引き出してくれ』みたいに言われているんで。副キャプテンっていうだけで固くなるより、もっとくだけたほうがいいときもあるだろうし。そういう意味も込めてコミュニケーションをとっていくうちに、だんだんいじるようになったって感じですかね」

寺澤本人にいじられていることを確認すると「あははは」と笑いながら「そうなんです。誰から聞きました？」と尋ねられたので伏せていると、ピンと来たように自分から口を開く。

「千田君ですね。わかります。一番いじってくるんで。まあ、彼はああ見えて人の気持ちがわかっているんで。だから、いじられても普通にやりすごしています」

そんな和んだムードを作りながらも、傍らでは必死に汗を流す選手は当然いる。

ガシャン、ガシャン……バーベルを持ち上げた際にプレートがバーと擦れ、地面に着く。そんな規則的な音が室内で反響している。

「林は、信者ですね」

再び情報を提供してくれた堺が、また笑う。なるほど。林伸悟の身長は１７１センチとそれほど大きいわけではないが76キロの体重が示す通り胸板は厚く、下半身も太い。

「いや、それはないです！」

本人にウエートへの信仰心を尋ねると、即座に否定する。しかし、堺以外のチームメイト、影山に言質を取るとやはり「信者」なのだと笑う。

「林君はもともと体がデカいんですけど、筋トレのときにめちゃくちゃ追い込んでるんですよ。自分とかが持ち上げられない重量でも楽しそうに挙げているっていう」

野球部に入部当初は40キロしか挙げられなかったベンチプレスは、今では95キロまでマックスの重量を伸ばしている。スクワット１５０キロ、地面のバーベルを腰まで持ち上げるデッドリフトも150キロが最大なのだという。高校生だとしてもかなりのパワー系で、秋の練習試合ではホームランを放つなど野球にも効果が現れている。

日々、自らの肉体を追い込む林に「信者ではないけど好きだよね?」と尋ねると、「まあ、好きというか、ウエートはよくやるほうですけど」と渋々ながら認め、取り組みを話す。

「自分はもともと筋肉がつきやすい体質というのもあるんですけど、ウエートをやることによって野球がうまくなるならって感じでやっているだけで。自分より堺とか関口光樹のほうがえぐいんで。でも、なぜかいじられるのは自分という……」

過ごす「今」の先に甲子園の可能性があるとしても、彼らは普段通りを貫く。

厳しいときは厳しく。緩いときは緩く。そんなメリハリのよさがあるのは、中道がいて寺澤がいて、堺や千田たちがいる――チームには様々な個性が存在するからでもあった。

戦力としてのマネージャーは「キャプテンよりも上」

別海野球部の1日はマネージャーから始まる。

最上級生で「チーフ」のような存在の中岡真緒が、監督の島影にその日のスケジュールを聞きに行く。天候や選手のコンディションを考慮した上で、「今日は守備の基礎をメインにやるから」と方針を受け取る。時には中岡が「選手が打ちたそうにしています」とチームの声を聞いていれば進言し、「じゃあ、守備が終わったらマシン打つか」といった具合でメニューが軌道修正されることも珍しくはない。

マネージャーたちの動きには無駄がない。中岡が監督と打ち合わせをしている間には下級生の坂野下瑛太と藤倉梨緒が手分けし、練習の途中に選手たちに食べさせる、おにぎりと言った補食の準備や飲み物を入れるジャグボトルの洗浄を行う。

「自分が思っていた野球部のマネージャーって、練習の補助とかがっつり野球だけのことをするのかと思ったらそうじゃなくて。おにぎりを作ったり、道具とかを拭いたぞうきんを洗ったりとか、野球以外の仕事のほうが多いくらいで。自分は器用ではないので、そこは1年くらい経ってもなかなか大変だなって思うことはあります」

坂野下は照れ笑いを浮かべながら不慣れな自分を白状するが、中学の先輩でもある中岡は「最初は誰だってできないし。よくやってるほうじゃないですか？」と及第点を与える。

練習中は3人のマネージャーがせわしなく動く。

中岡が選手たちに1日の内容を指示してからウォーミングアップが始まる。マネージャーの小気味よく、等間隔の笛の音で選手たちが規則的に動く。その後は守備練習ならノッカーにボールを渡したり、バッティングならばマシンにボールをセットしたりする。

そうかと思えば、中岡が時折、自分のスマートフォンを取り出して写真や動画を撮影する。最初は練習風景を撮るつもりでも、それに気づいた中道や千田がちょっかいを出すように画角に映り込むこともあるため、ただの記念撮影で終わってしまうことも多い。

「まあ、そういうのも自然な姿として、一応残していますけど」

ちょっとうんざりするように笑う中岡は、写真や動画を自ら編集しモチベーション動画を作成するのだという。それらは大会前など決まったタイミングでチームに見せるわけではなく、動画サイト内に一般ユーザーには非公開設定した状態でアップロードするそうだ。

「歴代のマネージャーさんも作っていたんで、その流れでって感じですかね。自分が撮った写真とか動画にやる気の上がる音楽をチョイスして作るっていう。そんなにこだわっているわけではないんですけど、3年生には『見たければ見な』って送ったりしますけど」

マネージャーが作成してくれた動画について、千田は「よく送ってくれます」とにやつく。

「結構、いろんなタイミングで送られてくるような気がしますね。みんなで見るっていうのはないんですけど、たまにLINEでも送られてきたりもするんで、それを見てテンションを高めて。やっぱり、気分は上がりますよね」

選手との対等な関係性が、そこにある。

マネージャーたちの動きからもわかるように、彼らは単なる「雑用」ではなくチームの戦力として機能している。それどころか、イニシアチブさえ取っているとすら見受けられる。

「マネージャーはキャプテンより上の存在ですから。選手たちにも『マネージャーあってのチームなんだからな。あいつらに文句を言うってことは、監督に言っていることと同じだと思えよ』と言い続けているくらいなんで。本当に彼女たちがいないとチームは成り立たないくらい大きな存在です。いないと本当に困りますから」

監督の島影がマネージャーの存在意義を明確にする。武修館時代は野球部員の大半がスポーツコースで、授業の時間割など普通科と違いがあったためマネージャーを採用することができなかったそうで、別海に来た当初は戸惑ったのだという。

野球関係者のみならず、ほかの部活の顧問からもマネージャーの役割について聞いてみたところ、多くが「雑用」のような認識を持っていた。明言せずとも、どうしても「選手をサポートする役割」と考えている者ばかりで、島影は釈然としなかった。やはり、野球部に在籍する以上はマネージャーも戦力でなければならない。だから、マネージャーに「責任」を与えた。

島影はそれを「グラウンドマネージャー」と「主務」にわけている。

前者は中岡の立ち位置である。練習の指示やグラウンド内での仕事が主な役割で、後者が坂野下や藤倉が担当するような道具の整理や補食の準備といった裏方作業である。現在は先輩が中岡だけのため自動的にグラウンドマネージャーとなるが、次の世代になれば坂野下と藤倉が話し合ってどちらの役割を担当するかを決めることになっている。

『どうすればマネージャーも責任を持ってやってくれるかな？』と考えたときに、今のところこれがベストかな、と思っています。中岡に関しては1年の夏からずっとひとりの期間があって責任感が強くなりましたし、坂野下も藤倉も自分の得意、不得意をわかった上でバランスよく動いてくれているような気がします」

野球ではなくマネージャーに興味があった中岡と藤倉、野球が好きでマネージャーになった坂野下。今の道に進んだ動機は異なるものの、「チームのために」という志は同じである。

「厳しい監督」のもとに人が集まるのはなぜか？

島影は厳しい監督である。

紋別合宿は自身でも〝地獄〟と強調するように「ピーク」だとしても、過酷な練習は別海にとっては当たり前のことで、選手が怠慢な態度を取ろうものならば容赦なく突き放すし、選手たちを凍りつかせるほどの雰囲気を作ることさえある。

それでも彼らのほとんどが、島影についてくる。

親への感謝、地域貢献のためにアルバイトをさせる。雑用と思われがちなマネージャーを戦力として選手より格上に扱う。その厳しさゆえに理不尽な面は少々ありながらも、島影という男はチームに携わるすべての人間に愛情を注ぐのである。

島影が別海の監督となった当初から付き合いがあり、野球部の父母会長も歴任した「松田3兄弟」の父・勝広は、そんな一面すらも受け入れている理解者である。

「最初に恵永が入ってから『父母会は監督の味方でいよう』と話していたんですね。私自身、監督のやり方は『厳しいな』と思うところもあるし、保護者の間でも賛否があることは確かなんです。でも、『味方でいよう』と決めた以上はサポートしなくちゃいけない。だから、父母会の規約にも〈指導者に不満があれば、まずは会長に報告すること〉と明記しているんです。それは、今も繋いでくれていると思います」

島影のみならず、チームスポーツというものはすべからくキャプテンが「怒られ役」になることが多い。すなわち、最も監督からの寵愛を受けるわけだが、別海にとってそれは中道にほかならない。これはいい面として捉えられることだとは思うが、島影は裏がない指導者だ。「親が見ているから怒らない」といった二面性がないため、それが却って他者に「厳しい」といったストレートなイメージを与えてしまい、損な役回りを演じてしまっているのである。

中道の父でありこの世代での父母会長を務めた大輔は、そんな真っ直ぐな島影を認めている。

「今までの父母会が築いてこられたこともあると思います。だって、普通なら『ちょっとやり過ぎでしょ』って親が監督に言っちゃいますけど、極端にそうはならないですから。もちろん、『そこまで厳しくしなくても』と思っている方は今も昔もいるとは思うんです、それは父母会だけじゃなくて町の人や学校の先生も含めて。でも、監督は『チームが勝つためにやる』と言っていますし、そこに賛同してみなさん集まってくれているという気がするんです。だんだん結果も出てきていますし、みんな監督を信じられるんじゃないかなと思うんですよね」

一枚岩の父母会。厳しくされたＯＢたちだって、夏休みや春休みになれば多くが挨拶に訪れる。そして、23年秋のように別海が全道大会に出場しようものならば、まるで一大イベントのように各世代が仲間を引き連れて球場まで足を運び、後輩たちのために声を嗄らす。ネガティブな要素すらも笑い話にするかのように、人々は島影のもとへと集うのである。

別海で島影と最も付き合いの長い外部コーチの渡辺靖徳は、その根源を「諦めない精神」だと言葉に力を込める。

「これは島影の能力だと思うんです。僕は武修館時代から彼を見ていますが、いろんなことがありました。心が折れかけたこともあるでしょうが、でも諦めずに前に進んでいるじゃないですか。諦めますもん、普通なら。本気だから諦めずに選手と向き合えるし、彼らは辛いでしょうけど監督が厳しくするのもその裏返しなんですよ。別海高校に来て『甲子園に連れて行く』『別海町をひっくり返す』と島影が言ったとき、周りはバカにしたと思うんですよ。でも、それをエネルギーに変えられるのが、島影という人間なんです」

渡辺は島影より年上とはいえ、いつもなら「監督」と呼ぶ。それが、プライベートの呼称である「島影」とつい言ってしまうところに、彼の想いが宿っていた。

２０１０年７月23日。

武修館の監督として北北海道大会決勝まで進み、あと一歩で逃した甲子園。その日の夜に渡辺と入った居酒屋には〈旭川実業　甲子園〉の紙が貼られ虚しくなり、互いに口論となった。

２０２３年10月19日。

別海の監督として「全道大会初勝利」という新たな歴史を作った。勢いそのままにベスト4まで勝ち進み、21世紀枠候補として甲子園を繋ぎ留めた。

そして、２０２４年1月26日。

別海は21世紀枠として初めての甲子園となる選抜大会出場を決めた。

その日の夜。島影と渡辺は別海町の居酒屋の暖簾をくぐった。顔を上げ、視線を前に向ける。ひと目でわかった。

〈祝　別海高校　甲子園〉

歓喜の言葉は選抜の発表時に出し尽くしている。その場にいた者たちは笑みを湛え、感慨にふけりながら美酒に酔った。

人知れず「調整」に明け暮れた野球部部長

23年12月8日に別海が21世紀枠の最終候補に選出されてから、連日のように殺到する問い合わせへの対応を一手に担ってきた野球部部長の砂田だったが、選抜出場が正式に決まるとその数は以前までの比ではなかった。

自分の連絡先は、大会の主催者であり幹事社でもある毎日新聞の担当記者に伝えてあるため大手メディアに関しては滞りなくやり取りができたが、彼らがすべてではない。学校で授業が終わり、職員室に戻ってくると同僚から伝言を受け取り、折り返す。あるいはメールを数本返し、また教壇に立つ。その繰り返し。大袈裟ではなく「1日100件」は当たり前だったのだと、砂田は恬淡なほどに状況を振り返る。

「いきなり連絡が来て、名乗らずに『監督の連絡先を教えてほしい』と切り出されて。こっちとしては『あなた誰ですか？』っていうこともありましたかね。学校は部長の自分に電話を回すんで、『部長の砂田です』と自己紹介すると『生徒さんですか？』とか聞かれたり。確かに『部長』って表現は野球部だけかもしれないですもんね。だいたいは『顧問』だし」

一般メディアの対応に関しては、いくら数が膨大と言ってもさほど苦労はなかったというが、テレビの密着など大掛かりな取材に関しては北海道高野連を通じて日本高野連にも確認を取りながら冷静に対応を進めることを心掛けていた。多くの代表校は野球部関連の取材に終始するところ、別海は「日本一の酪農の町」というキャッチコピーがあり、千田や林など牧場を経営する家もあったことから、どちらかと言えばそちらのほうが苦心したのだという。

「千田さんと林さん、あと父母会長の中道さん。この3件に取材が集中するんですよ。自分としても『お忙しいようなら全然、断ってもらって構わないんで』とは伝えるんですけど、みなさん協力的で。ただ、あとから『砂田先生からの電話が嫌だった』と言われましたけどね」

また、別海町のような小さな町の場合、どうしても「町おこし」のような盛り上がりになるため、地元農協などの団体から「パンフレットに野球部を紹介したい」といった問い合わせも増えたという。そういった際は「団体の営利目的にならないように」といった日本学生野球憲章に抵触していないかどうか確認する必要があったし、高野連の判断が必要な場合は企画書を提出してもらい検討するなど注意を払っていた。

これらオフィシャルならば、いくら勝手がわからないといっても適宜、確認しながら進めていけば対処はできる。

面倒だったのは、アンチなど野球部への理解力が不足しているケースである。彼らの電話によるカスタマーハラスメントも一度や二度ではなかった。その際、砂田は無感情を徹底し、このように応対した。

「お前ら、寄付金は集めるのかよ？」

「みなさんに協力いただいています」

「21世紀枠なんて、どうせ1回戦で負けるんだよ！」

「結果はどうなるかわかりませんけど、みなさんから応援してもらえるようにしっかり準備をして試合に臨みます」

メディアのなかにも横柄な態度を取り、あるいは言葉足らずで相手を困らせてしまうような人間だっている。さらには一般からの対応までさせられたのでは、さすがに辟易してしまうのではないかと心配になるところだが、砂田は変わらずあっけらかんと答える。

「いろんな人がいるんだなって、どちらかというと面白かったですけどね」

まるで他人事のように自分の振る舞いを語る砂田に、顧問の高山善亘は頭を下げていた。自らも部長を経験しているだけに、野球部のすべての受け皿とならざるを得ない立場の大変さはわかっているつもりである。

「選抜が決まって注目していただいているのはありがたいと思いながらも、砂田先生はすごく大変だったはずです。メディアの方たちとの日程調整や実際の対応とか、そういった仕事は多かったんじゃないかなと思います」

砂田はメディア対応を含め、自分の仕事を「調整」だと認識していた。そのなかには、自らこなす業務もあれば人に任せていた部分もあった。担任を受け持ち、年度末で多忙だった高山は負担を与えられず、日本高野連に提出する選手登録の作成といった事務的な作業がメインとなった。そのなかでも興味深かったと振り返るのが、校歌の収録作業だという。

甲子園では勝利した高校の選手がホームベース上に並んで校歌を斉唱するが、その際に球場内に流れる楽曲を大会用に作成する。それを専門業者に依頼するわけだが、曲と歌詞を送って新たに録音してもらい、完成した譜面を主催者である毎日新聞に提出する運びとなっている。

「選抜が決まったら、なぜか知らないですけど業者が営業に来られるんですよね。そこでのやり取りを砂田先生と連携を取りながら担当させていただきまして。はじめてのことだったので『高校野球にもこういう世界があるんだなぁ』と」

砂田にとって、このように高山たち野球部の顧問にも協力を仰ぐのも「調整」の一環であり、学校や監督の島影とのやり取りもすべてそこに含まれる。

21世紀枠の最終候補に選ばれた時点で立てていた、道外への遠征を含めたスケジュール。それに伴う部員の公休が「○日、必要になります」と願い出る提案書を作成する。後援会事務局の設立にあたり、どうしても校長はじめとする教職員の協力を仰がなくてはならず、そのための資料作りも砂田が行った。学校職員は野球部を応援してくれる者は多いが、より納得させられるだけの内容にしなくてはならず、配慮だけは怠ることをできなかった。

この過程には、言うまでもなく監督である島影との折衝も含まれている。

学校職員ではない島影は内情を詳しく把握しているわけではなく、事務方と現場のせめぎ合いは避けられなかった。

「この期間に2週間くらい遠征に行けないですか?」

島影から問い合わせが来る。

「テストがあるからそこは無理だけど、期間をずらせば2週間くらいはいけるんじゃない」

ふたりの間で予定を組めても、砂田はそこから管理職や生徒指導部といった関係各所に許可を得なければならず、なかには難色を示す教員もいる。そのため、当初の予定を変更せざるを得なくなり、そのことを島影に伝えると「どうしても無理なんですか?」と従来通りのスケジュールでの敢行を求められる。そこでちょっとした口論になることもあった。

大まかに説明すれば、こういった「調整」が難儀だったのだと砂田は振り返る。

「監督もそうですし、みんなそれぞれ都合というものがあるわけです。そういったものを全部取りまとめるという調整が延々と続いた感じです。だから、なにをやったかと聞かれれば、圧倒的に調整。それだけなんですね」

不備なく調整するために砂田が実践していたことは「すぐにやる」だった。

案件をまとめてしまうと、あとから必ず漏れが出る。そうなると誰かに迷惑をかけるし、ひとつの漏れが連鎖する恐れだってあるためだ。だから、「同じ作業をしたとしても忘れるよりはマシ」と、レスポンス重視で機械的に業務をこなした。

2月の鹿児島遠征に北海道庁への訪問。そして、3月上旬の関東遠征などの定例行事を滞りなく遂行できたのは、そんなマメで冷静な砂田がいたからでもあった。

後援会事務局の奔走。大人たちの陰の頑張り

別海が甲子園出場という快挙を成し遂げたことで、町も本格的に動き出した。

12月に21世紀枠の最終候補に選出された段階から、学校と野球部の父母会で「選抜に選ばれたらすぐに動けるように」と後援会事務局の設立を水面下で進めていたことで、選抜出場が決まった1月26日から混乱なく始動することができた。

まず、大きな動きを見せたのが町である。

選抜発表の翌日、町議会が野球部の支援としてふるさと納税の寄付を財源とした総額5000万円もの予算を可決させた。先だって進められたコミュニティセンター内の室内練習場設置作業の際に用いられた網などの代金や選手たちの遠征費、試合当日の応援団の旅費などに充てられるという大盤振る舞いだった。

とはいえ、甲子園は勝ち進めば「億単位のお金が動く」と言われる世界である。5000万円もの大金があっても決してゆとりがあったわけではない。13年に21世紀枠で選抜に出場し、1勝して2回戦まで進んだ遠軽は総額およそ8000万円もの費用を捻出したのだという。だから、いくら曽根興三町長をはじめ別海町が大英断を下してくれたからとはいえ、事務局からすればそれこそ現金な話「お金はいくらあってもいい」という認識だった。

別海の校長で後援会の事務局長を務めた織井が述懐する。

「町から多額の寄付をいただいたとはいえ『足りないだろう』と。全校応援で予定を進めていましたし、場所も北海道ですからね。それだけでも本州の高校より出費がかさむわけです。ですから、寄付金集めはしました。地域の企業や団体にお願いして回りましたね」

予算の有効活用など事務局としての活動を円滑に進めるため、毎週のように別海高校で定例の会議が行われるようになっていった。ここで事務方として奔走したのが寺澤である。

そうですねぇ……苦笑交じりに寺澤が思い返す。

「知らない人からたくさん電話がきましたね。いろんなことを手配しないといけないですから、そういった諸々の仕事を事務局長の校長先生に頼むわけにもいかないじゃないですか。そういうところで私や父母会のメンバーも担当することになったんですけど、まあ、今思えばしんどかったですかね。直木賞を受賞された河﨑（秋子）さんが、会見かインタビューかなんかで『今しかない忙しさを楽しみたいと思います』とおっしゃっていて、私も最初はそのつもりだったんですが、途中からそんな余裕はなくなりました」

関係各所の取り次ぎなどをほぼ一手に担うなど「いろんなことをやりました」という寺澤の大きな仕事を挙げるとするなら、甲子園での試合当日のチケットと応援グッズの手配だ。

試合のチケットは予め学校として日本高野連に申し込む必要がある。別海町は酪農従事者が多く、仕事の都合上、試合日程が決まらなければ予定を立てられない者も多い。高校の生徒や学校関係者にプラスアルファをどのくらいに設定すればいいのかといった打ち合わせを部長の砂田と重ねる。しかも、当日分のチケットは500枚が上限とされているため、事前にどのようにして応援団に配布するかも悩んだ。最終的に、試合前日までに寺澤の宿泊先まで「受け取りに来てください」と事務局を通じてアナウンスすることで落ち着いたという。

甲子園での試合の際、チームの応援団は一塁側か三塁側のアルプススタンドに陣取る。このエリアの席数はプロ野球と高校野球では異なるが、いずれも数千規模の人数を収容でき、甲子園では5000人もの大応援団で占拠する高校もあるほどだ。

しかし、別海のような初出場校となると、実際にどのくらいの人数でこのアルプススタンドを埋め尽くすか想像することは難しい。

別海のチームカラーである緑の帽子と白のウインドブレーカー、メガホンとタオルを１セットとした応援グッズを、最初は５００で設定していたが「それでは足りないだろう」と父母会と話し合った結果、１０００で手配することとなった。だが、これだけでは収まらなかった。

実は寺澤は、応援の手配に際しちょっとした根回しをしていた。

別海町は大阪府枚方市と友好都市の関係を結んでいた。「甲子園球場から近い」ことから、事前に町長へ「応援協力の要請をお願いするかもしれません」と報告していたのである。そして、枚方市のほうから市のホームページへの記載依頼をはじめサポートを買って出てくれたことによって物事はスムーズに進み、情報は一気に拡散されていった。

「応援グッズを１０００まで増やした時点で『ちょっと作り過ぎたかな？』と思っていたんですが、枚方市が協力してくださったことで一気に伸びて。結局、それだけじゃ足りなくなってしまったんですけど、追加発注するにももう時間的に間に合わなくなっていたので、メガホンと帽子だけ５００増やしました。まさか、こんなにも効果があるなんて思ってもいなかったんで、本当に枚方市のみなさんには感謝しています」

チケットと応援グッズの手配といった外郭は寺澤を中心に整えられ、実際の応援部隊といった内郭の組閣にも多くの大人たちが動いた。

まず、応援の華であるブラスバンドである。別海にも吹奏楽部はあるが、事務局長である校長の織井が近隣の標茶への応援要請をこぎつけた。また、別海は選手数が16人でスタンドでの応援メンバーがいないため、声出しや応援歌、振り付けなどを周知させるために動いたのが、初めて全道大会に出場した00年秋にキャプテンを務めた大槻敬士である。

事務局でも役員に名を連ねていた大槻は、過去のOBたちの連絡網を駆使して寄付金などを募り、応援要請も行っていた。その流れで応援での掛け声や振り付けなどの動画をSNSを通じて回し『当日、応援に来られる方は確認しておいてください』と呼びかけた。

「もともと甲子園に行くなんて誰も想定していないですからOB会という組織もなく。そのなかで、自分は『初めて全道大会に出た世代のキャプテンだったから』ということで声をかけていただいたんですけど、本当に寺澤さんとか事務局のみなさんが必死に動いてくださったおかげで、こういった応援体制を作ることができたと思っています」

寺澤という大きな窓口があり、織井や町長といった組織の責任者が動いてくれたこともあるが、やはり「応援」を形作ってくれたのは町の力である。試合当日に応援団を引率することとなっていた野球部副部長の小山が平身低頭に感謝を綴る。

「諸々の交通整理を寺澤さんがやってくださったり、友情応援にしても校長が『標茶に知り合いがいるから連絡しておくよ』と率先して動いてくださったり。試合で使う応援ボードにしたって学校の先生方が作ってくれて、応援に行く生徒たちが乗るバスの引率だって引き受けてくださいましたから。僕なんかもう、そういうことを提案していただくたびに『お願いします』としか言っていないくらいで」

小山は「自分はなにもしていない」と言ったが、そうではない。彼をはじめとする野球部が周りに活力を与え、「甲子園で野球部を応援するために」という原動力を生んだのである。

それは「大人たちの使命」なのだと、織井は言葉に力を込める。

「『甲子園なんて出られるわけない』と言われてきたなかでも、島影監督はずっと『甲子園に出る』と夢を繋いできたわけじゃないですか。そして実際に出場が決まって、野球部は『努力すれば夢が叶う』と証明したわけですよね。僕たち大人は彼らに教えられたわけです。だからこそ、僕らは僕らで頑張らないといけないことがあるわけです。それは応援のサポートだけじゃなく、僕らなら教育者としての役目もそうだし、『酪農の町』と謳っている以上は産業の活性化もそうですよね。野球部があれだけ頑張っているからこそ、我々大人たちは本質の部分を見直せたんじゃないかな。だから、みんな協力を惜しまなかったんだと思います」

甲子園の出場が決まり、奔走する過程で織井はつくづく「この町は野球が好きなんだな」と実感させられたという。

〈別海高校　甲子園出場おめでとう！〉

町を車で流せば、意識せずともそんな貼り紙で祝福する商店などが目に入る。それは町が要請したのではなく、すべて自発的に行ったことである。学校にも祝福のメッセージがどれだけ届いたか覚えていないと、織井は喜ぶ。

監督の島影が、町からバカにされても訴え続けたこと。

「別海町をひっくり返す」

町を挙げての野球部の応援。この現象こそが、なによりの証左だった。

だから織井は、寺澤は、大人たちは陰ひなたで動く。きっと頭では「忙しい」と嘆いていても体が勝手に反応するのである。

野球部のために。

この想いがあればこそ、彼らは幸福で満たされる。

鹿児島と茨城。遠征での「アメとムチ」

別海町が白銀の世界に包まれている2月下旬。いつもならグラウンドにあるビニールハウスやコミュニティセンターで汗を流している選手は、その時期、土の上で白球を追っていた。

エースの堺がブルペンで試行錯誤する。

前年の夏から1試合を投げ切るためのペース配分を覚えたことで、秋の全道大会では2試合連続完投勝利と選抜出場の原動力となった。そこからスピードアップを課題に挙げ、ストレッチなどで股関節をはじめとする下半身を柔らかくし、肋骨のある部分にあたる前方の胸郭、後方の胸椎といった上半身の柔軟性を高めるために重量のあるメディシンボールを使ったトレーニングも精力的に導入していた。

目的について堺は、このように説明していた。

「オフはスピードアップをメインに考えながら練習してきたなかで、選抜では秋みたいなピッチングだけでは通用しないかなと思ったというか。しっかり腕を振って、強い球を高い精度で投げ続けられないといけないかな、ということでやっていましたね」

例年よりも早く土のグラウンドで練習できることは、内野手にとっても実りある時間となった。特に守りの要であるセンターラインに就くセカンドの千田とショートの影山は、プレースタイルのバージョンアップに余念がなかった。

センターに抜けるかという打球に千田が追い付く、そこから軽快なバックハンドトスで影山に送りダブルプレーを成立させる。「派手なプレーができれば野球が楽しくなる」と選手たちに推奨する外部コーチ・小澤永俊の指導のもと、彼らは伸び伸びとスキルアップに励む。

千田が有意義な時間を振り返る。

「別海町を出発するときは寒かったのに、鹿児島に着いたら雪もないし半袖でできるくらい温かくて、土のグラウンドでも練習できるっていう環境が楽しくて。ゲッツー（ダブルプレー）のバリエーションもそうですし、自分はランニングスローもそれまでやったことがなかったんですけど、小澤さんに教わることで鹿児島にいる間にだんだんできるようになって。守備範囲も広くなりましたし、守備は全体的に上達できたなって実感がありました」

堺や千田のように個々のスキルアップに注力すると同時に、チームプレーもたっぷりと時間をかけて取り組むことができた。秋の全道大会準決勝の北海戦で起きたミスのように、走塁の重要性を痛感した島影が実戦形式の練習などで課題の穴埋めを図る。

「『このままじゃダメだ』と思いながら秋を終えましたんで。この時期の別海町は雪でグラウンドが使えないこともあって、どうしてもチームベースで走塁を洗い直すことって難しいんですね。だから、合宿の期間中にはちゃんとやっておこうと。やっぱり、甲子園に出るチームはいいピッチャーしかいませんし、うちの打線を考えればそんなに点を取れるわけではないので。ランナー二塁の場面からワンヒットでホームまで還ってくるとか、足で得点を稼ぐための練習は意識的にやってはいましたね」

高校野球は日本高野連の規定により、秋季大会の全日程が終了した12月から翌年2月まで対外試合は一切禁じられている。したがって、鹿児島遠征中は練習試合を組めなかった別海は、3月上旬からの茨城合宿でその成果を試した。

この期間に行われた3試合の結果は、常磐大学高等学校に5―4で勝利。水戸葵陵は1―4で敗戦し、霞ヶ浦との試合は雨のため5回コールドの2―5で敗れた。1勝2敗と負け越し、走塁をはじめとしたプレーの精度や外野手の層の薄さなど課題が散見し、島影も「まだまだって感じですかね。これからです」と不満げだった。それでも、茨城県では常に上位に食い込む実力のあるチームと互角なゲームを演じたのは、明らかなチームの成長でもあったと言っていいだろう。

前年夏の紋別合宿が象徴的ではあるが、短期集中での強化期間における島影は普段以上に厳しい。その「ムチ」は鹿児島、茨城でも健在ではあったが、しっかりと「アメ」も入れている。というより、これこそが遠征や合宿における島影のポリシーでもある。

鹿児島は、第二次世界大戦末期の沖縄戦で出撃した知覧特攻隊員の関係資料などが展示されている知覧特攻平和会館を見学した。茨城では、サメやマンボウなど約580種類もの海洋生物と触れ合え、イルカとアシカのオーシャンライブも人気なアクアワールド茨城県大洗水族館で休日を満喫した。

これは、島影が武修館の監督時代、剣道部の顧問から「合宿の最後くらいは遊ばせなさい。そうしたら、どんなにきつかった練習も楽しい思い出になる」と教えられたからだった。

「今までもいろんなところに連れていきましたよ。東京スカイツリーに行ったたし、隅田川の遊覧船に乗せたこともありますし。僕なりの考えとしては、彼らが将来、結婚して子供ができてから旅行でそこを訪れたとき、『高校時代の遠征で来たんだよ』って言えるじゃないですか。そう思ってもらいたくて。まあでも、実際はOBと遠征の話になっても『監督、あのとき激怒してましたね』って練習のネタばっかりなんですけどね……」

鹿児島と茨城での「アメとムチ」を経て、チームは決戦の地へと向かう。待ち受けるのは第一の命運とも言える、選抜の組み合わせ抽選会である。

「三塁側」と「日程」を強く望んだ組み合わせ抽選会

ちょうど1年前の23年3月。別海は甲子園にいた。

それは毎年、島影が希望者を募って選抜の「観戦ツアー」を開催しているためだ。この年は中道と影山、そして千田涼太と晃世の兄弟、3年生になる松田陽輝と小野翔永が監督に同行した。数日間の滞在の間に雨によって日程が順延したことで「せっかくだから」と甲子園歴史館に立ち寄ると、偶然にも甲子園球場の見学ツアーを催しており参加することとなった。

普段は一般人が入ることのできない、球場の内部に足を踏み入れる。

白で統一された空間は右手が開けている。当時の彼らは知る由もないが、選抜大会や選手権大会の試合後にはチームが取材を受けるミックスゾーンがここである。左側の導線を少し歩くと三塁側ベンチへ通じる入口があり、そこを抜けるとそれまで自分たちが観てきた光景とは異なる甲子園球場が広がっていた。

地面から見上げるように、島影たちはベンチから見渡し、聖地を眺める。

「甲子園で出られたら、やっぱり俺は端に立つんだよな。そうしたら、スコアを書く真緒は俺の隣あたりに座って。お前たちはどのあたりにいるのかな?」

想像を広げていると、島影は夢を再確認するように言った。

「絶対、ここに来ような！」

そして1年後、決意は実現した。

1月26日に選抜が決まったときから島影をはじめとする別海の全員が「せっかく甲子園に行くんだから、強豪校と対戦したい」と口を揃えていた。甲子園の出場校はすべてが強豪である。なかでも彼らが意識していたのは大阪桐蔭高等学校や広陵高等学校といった、いわゆるメディアで「特A」と評価されるような名門中の名門である。

島影は抽選会を前に、改めてクジを引くキャプテンの中道に問うた。

「実際、お前はどことやりたいの？」

すると中道は、考える間もなく口を開いた。

「三塁側です！」

島影があっけにとられたように首をかしげる。

「相手の話をしてるんだけど。三塁側ってなんだよ」

「去年、監督さん、言ってたじゃないですか。『ここで試合したいな』って」

あっ！　思い出したように島影は感心する。それほど、中道にとって「甲子園の三塁側」は重要な場所だったのである。

「甲子園は強豪校しか出ないので、正直『どこと当たっても変わらないいな』と思っていて。だから、自分が意識していたのは三塁側と日程だけでしたね」

3月8日の抽選会。組み合わせが続々と決まっていく。

「別海、桐蔭を引けよ」

隣に陣取る同じ北海道代表である北海の監督、平川敦から茶々が入る。

「いやいや。そこは北海さんがどうぞ」

軽快に応戦する島影ではあったが、胸の鼓動は大きく脈打っていた。

「内心はドキドキでしたよ。抽選が進むにつれ、大阪桐蔭さんと広陵さんがなかなか決まらなくて。『強いチームに挑戦してみたい』という気持ちはもちろんあったんですけど、本当にこのふたつのどちらかと当たるんじゃないかって」

くじを引いた別海のキャプテンが抽選会場のステージに立つ。

「別海高校、14番です」

そう言って掲げた小さなカードには「14」と記されてあった。「1」が大会初日の第1試合で一塁側ベンチ、「2」が同三塁側ベンチといった振り分けとなるため、「14」を引いた別海は大会3日の第1試合で三塁側ベンチに決まった。さらにこの日、3月20日は春分の日であるため祝日となる。それは、中道が望んだとおりの結果となった。

「開会式から来ていただいている方もそんなに長くは休みを取れないでしょうし、試合だけ見に来てくださる方も休日がいいというか。ずっとそう思っていたなかで、この日に三塁側で試合をできることはベストだったかなって」

そして、組み合わせ抽選会最大の関心ごとである対戦相手は、中国地区代表である岡山県の創志学園高等学校に決まった。これまで春夏合わせて甲子園に6回出場しており、なによりチームを率いるのは、東海大学附属相模高等学校の監督時代にチームを選抜で3度、夏の選手権で1度の全国制覇へと導いている門馬敬治である。こちらも望んだとおり、強豪を引き当てたのである。

ちなみに、島影に茶々を入れた平川率いる北海の相手は、大阪桐蔭に決まった。

選抜抽選会の舞台裏。休みの確保に奮闘した酪農家たち

「中道キャプテンが一番いいクジを引いてくれたよね。みんな『ここを引いてくれ』って思いながら抽選会を見ていたと思うんですよ。まさに、そこを引き当てたっていうね」

千田の父・和幸が拝んでいたように、中道が狙いすまして引き寄せた「大会3日目の第1試合」は、保護者たちにとっても絶好のスケジュールだった。寺澤の父で役場勤めの淳司など公務員や会社勤めであれば有給休暇を利用することができるし、中道の父で漁師の大輔にしても休日の日程が決まっていれば同じ船団の仲間と持ちつ持たれつの関係を築けているというが、和幸のような酪農家は違う。彼らは休日を買わなければならないのである。

基本的に朝夕と1日2回の搾乳があるなど、生き物である牛とともに暮らす酪農家には休み

はない。今回の選抜の応援のようにどうしても休暇が欲しい際は、「酪農ヘルパー」という専門家に仕事を代行してもらうほかないのである。彼らは別海町などを管轄するJA道東あさひに所属していれば、フリーランスのように活動する者もおり、個人が集まって組織的に活動しているケースもある。ひとりあたりの相場は、1日8時間勤務で3万円弱だというからなかなかの出費となる。

和幸ともに千田牧場を切り盛りする妻の千春が実情を話す。

「甲子園の応援となると、どの牧場も夫婦で行きたいでしょうから最低でもふたりにお願いしないといけないわけで。うちは開会式から4日間の予定で休みを取りましたから、そうなるとだいたいの出費はわかりますよね。今回の休みは買おうと思っても買えない休みだからお金のことは全然いいんですけど、とにかくヘルパーさんをお願いするのが大変でした」

千春が嘆いたように休みを買うこと以上に難儀だったのが、酪農ヘルパーの確保だった。

彼らの書き入れ時はゴールデンウィークやお盆といった大型連休ではあるが、選抜が開幕する3月下旬も子供や孫などの新生活が始まる時期と重なることからヘルパーの稼働率も上がるのだという。和幸は「だから、常にヘルパーを抱えてるところを3、4件は持っておかないと困るんだよね」と内情を教える。

「連休を取るなら本当は半年から1年くらい前に予約を入れておかないとダメなくらいで。うちは甲子園が決まった段階で『休みは5日くらいかな?』って目星つけて、最初に個人のヘルパーに連絡を取ったら予約できて。あとは農協に頼み込んでなんとかふたり確保できたんだけど、もし見つからなかったら甲子園は諦めるしかなかったよね」

いかなる「ぜひもの」の休みとはいえ現実を受け入れなければならないのが酪農家の悲哀でもある。林伸悟の父・徳人ももちろんそうだ。

「道東あさひって北海道のなかでも規模が大きいほうの農協なんですけど、それでもヘルパーが年々激減していて。だから、そこだけに頼っちゃうとダメですよね。自分たちも個人ヘルパーにお願いしたんですけど、捕まらなかったら甲子園に行けてなかったですから」

林牧場も千田牧場と同じように1月の段階からヘルパーの確保に奔走したが、組み合わせが決まるまでは日程を確定させなかった。徳人が胸をなでおろすように個人ヘルパーにお願いすることができたため予定していた最長の「4日半」の休みが取れたというが、人手が足りないようであれば妻の美奈と娘だけその期間に休みを取らせ、徳人は試合だけの観戦になるところだった。

「すごい日程で決めてくれたなって思ったんですけど、油断できなかったですね。試合前に雨で1日でも試合が流れてしまっても、僕らは休みを伸ばせないですからね。もう、別海を応援できずに泣く泣く帰ってくるしかないという、最悪の事態だけは避けたいと願ってました」

徳人が描く最悪をできる限り回避するためにヘルパー確保を粘ったのが、影山の父である健一だ。別海町の隣に位置する中標津町で影山牧場を営む主人は、3月8日の抽選会で別海の試合が20日に決まると、畳みかけるようにヘルパーの伝手を辿った。

地元農協から以前、「今は個人的に頼まれた農家しか行かない」と聞かされていた高齢の元ヘルパーに問い合わせをしたところ、試合日の前後だと「20日と21日」が空いているという。日程としてはクリアしているが、別海の試合は9時開始であるため前日までには関西に入っていなければ観戦は不可能となる。19日も休みを確保する必要があった健一は、その元ヘルパーの日程を押さえつつ、ほかも当たった。すると影山牧場のある中標津町の養老牛地区で「19日に仕事に来る個人ヘルパーがいる」と教えてもらい、本人に事情を説明すると「影山さんのところよりも2時間くらい遅く作業を始めるから、先方に聞いてみる」と返答があった。幸運にもその農家も快諾してくれたことで、綱渡りではあるが陣容を固めることができたのだという。

19日に甲子園へ発つことができた健一は、今でも冷や汗を拭うようにヘルパーを巡る激戦を振り返る。

「ゲン担ぎじゃないけど、試合の日程とか全部が決まってヘルパーをお願いしたかったから、こうなることは予想がついていたんだけど、まあでも、大変でしたよ。ヘルパーさんやほかの農家さんに迷惑をかけたけど、みんないい人でね。そういうのもあってなんとか休みを取ることができてひと安心でしたよ」

別海の抽選会の裏側。

試合日や対戦相手。人々が関心を注ぐ表舞台の一方で、別海の晴れ姿をひと目だけでも目に焼き付けたいと労を惜しまなかった、地元産業を支える者たちがいた。

強豪校との練習試合で大敗。そこから学んだもの

全国の壁が立ちはだかる。北海道とはひと味もふた味も違う。そうではないと否定したくとも、自分たちが信じてきた歩みすら懐疑的に思わされるほどの力を示される。

3月11日。奈良県にある上野公園野球場のマウンドで堺は立ち尽くしていた。

智辯学園高等学校との練習試合に先発したエースは、先頭バッターをライトへのファウルフライに打ち取ったところまではよかったが、次のバッターにデッドボールを与えてからリズムを整い直すことができずに連打され2点を失った。さらに2回には9本の長短打と猛攻を浴びて大量8失点。この回を投げ切ることなくノックアウトされてしまった。

「初球でズバッとストライクを取れたと思ったら次の2ストライク目を取る球がなくなって、甘い球を打たれるみたいなのが多くて。それがああいった結果になってしまいました」

実はこの試合、堺はあることをトライアルしていた。

秋は力のペース配分を考えながら投げることによって完投能力を高められていたが、この試合は遠征に帯同していたコーチの小澤からの助言もあり、全力で投げてどこまで通用するかをテーマとしていた。それは、球速アップを目指したウエートトレーニングや上半身と下半身の柔

軟性を養うことに注力してきたオフの取り組みの成果を試したかったからではあったのだが、結果だけを見ればそれは裏目に出てしまった。堺が続ける。

「打たれたんでよくはなかったんですけど、『全部が全力じゃダメなんだ』ということがわかっただけよかったなって思います。やっぱり、力を入れるところは入れる、抜くことは抜くっていうピッチングができていたら少しは結果が変わっていたと思いますけど、強豪校の智辯学園はやっぱり全力だけじゃ抑えられないなって経験できてよかったです」

甲子園出場35回。16年の選抜では優勝も果たしている全国屈指の強豪から強烈な経験を与えられたのは堺だけではない。2回の途中から継投した金澤悠庵も、3、4回と無失点に抑えながら7回まで8失点と猛打にさらされ、8回から2イニング投げた左腕の篠原も2失点を喫した。結果として不甲斐なかったのは投手陣だけではなく、打線も散発7安打の無得点に抑えられ1点も返すことができなかった。

0―20。

甲子園の最終調整である関西遠征の初戦は、まさに惨敗だった。しかし監督の島影は、この結果が織り込み済みと言わんばかりにこう語っていた。

「相手が智辯学園さんですから、負けることは前提としてどれだけ勉強できるかがテーマだと思って、こちらから試合を申し込ませていただいた経緯がありましたんで。結果が物語るように勉強させてもらいましたし、選手たちも何かを学べたと思っています」

監督の目論見通り、残りの2試合ではチームの反省が少しずつ改善される。目立ったところで言えば、投手陣が踏ん張った。

智辯学園戦の2日後に行われた大阪の精華高等学校との練習試合では、1―2とチームは敗れたものの先発の堺が6回まで2安打、1失点の好投。継投した立藏諄介が1失点、篠原も無失点だった。翌日に行われた選抜前の最後となる京都翔英高等学校との試合でも、その安定は変わらなかった。

先発の金澤が5回を2安打、無失点に封じる。あとを投げた篠原が2回2失点だったが、3番手でマウンドに上がった堺が2回を無失点で締める。投手陣の粘投に打線も応えた。1―2と逆転された直後の7回裏。フォアボールとデッドボールで一、二塁から、送りバントで1アウト二、三塁とチャンスを広げたところでスクイズを敢行し、これが相手のミスを誘発して逆転に成功。そのまま3―2で逃げ切り、関西遠征のラストを勝利で締めくくった。

堺は自らのピッチング以上に、チームの成長を実感するように拳を握る。

「先発した精華の試合もそうなんですけど、京都翔英で投げたときも力の出し入れを意識しながら投げたことで智辯戦とは違う結果を得られたのは収穫だったと思います。チームとしても京都翔英戦なんかはヒットもそんなになかったなか、出塁したらバントでしっかり繋いでスクイズで点をとるとか、打てないなかでも競り勝つことができたのがよかったなって思います」

3安打と打線が振るわないながらも小技を駆使して投手陣が踏ん張る――。そんな別海の持ち味が集約されたような試合で立役者を挙げるとすれば、先発した金澤である。

23年秋の全道大会直前に行われた釧路江南戦で打ち込まれた金澤は、島影から「ピッチャー、辞めるか？」と通告を受けるほど「ボロボロだった」という。そんな失意の金澤を再び奮い立たせたのが、コーチの大友孝仁だった。

〈誰だって壁にぶつかるんだから。そのときにどう乗り越えていくかが大事なんだよ。それができるかどうかはお前次第だからな。辛いのは金澤だけじゃないんだし、いい仲間がたくさんいるんだから、周りと自分を信じて頑張れ〉

激励のＬＩＮＥなどで金澤を鼓舞し続けたことについて、大友にはこのような想いがあった。

「中学時代に堺と同じチームでエースだったわけですし、彼としてはそういった現状を許せないところが絶対にあったと思うんですね。金澤は人前では落ち込む姿を見せないような人間なんで、『堺に置いていかれないように』っていつも声はかけていましたね」

表立って金澤を後押ししていたのが大友なら、陰ながらサポートしていたのが小澤だった。

秋まで監督から叩かれながらも堪えていた金澤に目を細めながら、「今はいいボールを投げられなかったとしても、絶対によくなるから」と説得し続けていたのである。それは気遣いではなく、明確な根拠があったからだと小澤は言う。

「体の使いこなしとか、ピッチングをする上でのフィーリングがすごくよかったんです。だから、秋が終わってからのシーズンオフで下半身の筋肉を上げていけば絶対に球質はよくなってくると。あと、マウンド上での落ち着き方とかの仕草はうちのピッチャーのなかでは抜群にいいんですね。監督には『今はまだダメかもしれないけど、金澤は絶対によくなるから』って、秋どころか彼が1年の夏あたりからずっと言っていました」

コーチ陣の寵愛によって、金澤は自分と向き合えるようになっていった。「スクワットしっかりやって下半身を鍛えなさい」といった小澤からの指導を忠実に実践する。さらに、コーチの渡辺とも話し合ったことで、もともとオーバースローだったピッチングフォームを、ややサイドスローに近づけるスリークォーターに変えることを決断。そのことでボールをリリースするまでの体の重心移動がスムーズになり、マウンド上での安定感がアップした。

その成果が芽生え始めてきたのがこの時期だったのだと、金澤が頷く。

「秋までは本当にダメだったので『何かを変えなきゃいけない』と思っていたなかでスリークォーターにして。春の時点でも課題というのはまだまだある状態ではあったんですけど、取り組んできたことが結果にも出たんでよかったなって思っています」

関東から始まった遠征。別海の練習試合の戦績は2勝4敗だった。

全国トップクラスの強大さを痛感した。だからといって自分たちを見失うことなく、取り組んできたことを地道に、愚直に体現した。甲子園に向けてチームの状態が上がってくると予見していたかのように、キャプテンの中道は取材で報道陣から「甲子園は楽しみですか？」といった問いに「１００％楽しみです！」と答え続けた。

そんなキャプテンの姿を横目で見ながら、監督は同じ質問をされる度に「100%不安です！」と、あえて真逆に答えて周囲を笑わせていた。そういった振る舞いをするのは、島影自身が不安を悟られないようにするためでもあった。

「なんか、甲子園が近づくにつれ余計なことを考えちゃうんですよね。うちは21世紀枠で出させてもらうので『1回は勝ちたい』とか『変な負け方をしてしまったら、今後の21世紀枠に響いちゃうんじゃないか？』とか。選手には関係ないことなんで、甲子園では100%楽しんでほしいんですけど、監督としては不安でしたかね」

島影が言う通り、近年の21世紀枠での出場校の成績は芳しくない。というより、悪い。15年に松山東高等学校が二松学舎大学附属高等学校を破って以降、21世紀枠同士の対決を除けば22連敗中と、初戦敗退が続いているのである。そのため、どうしても不安を避けては通れなかったのである。

監督の不安と選手の期待。チームの想いが交錯するなか、別海の選抜が開幕した。

白球フロンティア

第6章

「初めての夢舞台」

開会式のちょっとした〝珍事件〟

先頭のカラーガード隊が小気味よく旗を振る。音楽隊が２０２４年の行進曲に採用された、あいみょんの『愛の花』を奏でる。

選抜の開会式。統制の取れた先導者に前年の優勝校である山梨学院高等学校、準優勝の報徳学園高等学校と、代表校が勇ましい行進を甲子園の観衆に披露する。九州地区の高校から順に球場の天然芝を踏みしめる。北海道の別海はしんがりとなる32校目の登場となった。

先頭でプラカードを持ち、選手を導くマネージャーの中岡真緒は、耳で甲子園を実感する。

「前の日にリハーサルがあったんでそこまで緊張することはなかったんですけど、本番は球場にお客さんが入っていたんで歓声がすごくて。そこに吹奏楽とかアナウンスとかいろんな音が混じりすぎていて、選手たちのこととかよくわからなくて」

２年生の夏の釧根支部予選でも開会式でプラカードを担当しており、選抜出場が決まった際も「甲子園でもやりたいな」とひそかな願望はあった。そこで、監督の島影隆啓から「せっかくの甲子園だし、今まで真緒は上級生のマネージャーとして頑張ってきたんだから、遠慮せずにやっていいんだからね」と背中を押されたことで手を挙げることができた。

甲子園で披露する凛とした行進は、２年生マネージャーの藤倉梨緒が見惚れるほどだった。

「本当にプラカードを持っている真緒さんがかっこよくて。あの姿に憧れましたし、自分がいるときにまた甲子園に出られたら『次は自分も持ちたい！』って思うくらいでした」

スタンドやスマートフォンなどの画面越しから見る別海の17人は、ほかのどの高校と比較しても遜色なく、堂々と聖地で歩を進めていたが、内幕を明かせばややバタついていた。

藤倉から羨望の眼差しを送られていた中岡が、行進しながら心の中で選手たちに釘をさす。

「ちょっと！　行進、やっぱ合ってないじゃん！」

右、左、右、左……高々と上げる中岡の両ひざに合わせるように「イッチニ、イッチニ」と掛け声を担当したのが川上大翔だった。

その大役は、直前にキャプテンの中道航太郎が指名した。理由はこうだ。

「川上は緊張する子なんで、開会式で先に緊張させておいたら試合では大丈夫だろう、と」

普段から先輩、同級生問わずいじられるような愛されキャラである川上は、チームの盛り上げ役でもあるキャプテンから有無を言わさず任命される。

「声掛け、川上な！」

「いやぁ、ほんと無理っすよ……」

「大丈夫。お前ならできるから、頑張れ！」

川上が苦笑いを崩すことなく開会式でのパフォーマンスを振り返る。

「中道さんから言われたらやるしかないんでやりましたけど、やっぱり緊張しましたよ。足と手を動かしながらずっと声を出すんで途中からわけがわからなくなって。なんとなく自分のなかでリズムを取りながらやっていたんですけど大変でした」

イッチニ、イッチニ……最初はぎこちなかった行進も、内野の黒土を踏み、レフトの芝生に到達する頃には、中岡も「だんだん合ってきました」と安心できるほど一体化していた。

その雄姿に、開会式から参加する別海の関係者たちが目頭を熱くする。自分たちの代わりに仕事を受け持つ酪農ヘルパーを確保でき、選抜の一大イベントを見届けることができた林伸悟の父であり、自らも別海野球部ＯＢである徳人は、今も感傷に浸ることができる。

「自分の息子っていうだけじゃなくて、別海高校のユニフォームを着た選手たちが歩いてる姿を見ているだけでも泣きそうになりましたよね。本当に感無量でした」

町が固唾を呑みながら見届けた開会式が終わる。チームを代表して取材に応じたキャプテンの中道は、声を張り試合に向けて気を引き締めていた。

「甲子園はやっぱり独特の雰囲気があって、あんなに人が多いなかでこれから野球ができるんだと思うと楽しみになりました。スタンドから『別海、頑張れ～！』って声が聞こえてきたときには嬉しかったです」

甲子園での幸福な時間

阪神甲子園球場の目の前には、大阪市から兵庫県の須磨方面を結ぶ阪神高速3号神戸線が通っている。その高架下、球場で言えばチケット売り場付近は長蛇の列が伸びていた。

別海野球部の後援会事務局で奔走する寺澤佑翔の父・淳司をはじめとするスタッフたちは、緑の帽子とメガホン、白のウインドブレーカー、タオルの「4点セット」を別海町から駆け付けた応援団に手渡ししていた。おそらく、そこには「なにか貰える」と興味本位で並んでいた一般ファンもいたはずで、いよいよ収拾がつかなくなり日本高野連から校長の織井恒に「列が伸びすぎていて交通の妨げになったり、事故が起きたりする危険性があるからもうやめてほしい」と通達があり、応援グッズ配りを中断したほどだった。

過熱ぶりは別海応援団が陣取る三塁側アルプススタンドを見れば一目瞭然だった。

地面から屹立する姿がアルプス山脈を連想させることから名づけられたスタンドは、すぐさま下から上まで緑と白で埋め尽くされた。

別海が初めて全道大会に出場したチームのキャプテンで、OB会の代表も務めている大槻敬士は、母校の応援でこの場所にいることに感慨深さを覚えていた。

「甲子園球場に来ること自体が初めてだったんですけど、あのアルプスの光景を見て『初出場の高校でも、こんなに様になるもんなんだな』と感動しました」

島影が別海の監督に就任した16年の「5人の部員」のひとりで、翌年にはキャプテンとして奮闘した大坂大和は、自分の高校時代と重ね合わせながら感極まっていた。

「僕らがいた時代っていうのはまだ弱かったですし、大会でも学校は非協力的で吹奏楽部も『出そうか、出さなくていいか?』と話し合っていたくらいでしたからね。それが、学校どころか町を挙げて応援してくれているっていうのが本当にすごいというか。監督は『町をひっくり返す』って言っているじゃないですか。本当に町を変えたというか、ひっくり返しつつあるんだなって思いながらアルプスにいました」

別海のシートノックが始まる。

選手たちが勢いよくベンチ前から飛び出すと、約1600人もの応援団が詰めかけるアルプススタンドが一段と沸いた。その光景を目の当たりにした淳司は、それまでの激務や煩わしさ、悩みといった苦労が一瞬にして吹き飛んでしまったという。

「大変だったけど、頑張ってよかったなぁ」

そんな幸福感で満たされていた。

「アルプススタンドを埋め尽くしてくれた別海町の人たちを見て、ちょっと涙が出てしまって。それくらいの感動があったんですね。あの甲子園でみなさんがチームを応援してくれる、選手たちが躍動してくれている。それを見られただけで十分でした」

感動を噛みしめていたのは、甲子園の右打席に立つ顧問でコーチの高山善亘も同じだった。

「なんか、ふわふわした感じでした。大学時代は学生監督だったんでシートノックを打っていましたし、別海に来てからも経験はあったんですけど、やっぱり甲子園は違いましたね」

公式戦での高山の役割は、外野ノックが多かった。しかしこの日は、普段は内野ノックを打つ部長の砂田純平が顧問としてベンチに入るため、スーツの着用を義務付けられている。「いちいち着替えるのも面倒だしな」と部長としての仕事に専念し、監督の島影も「こんな機会はめったにないんだから」と自分は外野ノックを買って出てくれたのである。

監督と部長の粋な配慮によって大役を任されることとなった高山を、感激とともに強烈な緊張が来訪したという。それも彼にとっては幸せなことだった。

シートノックの制限時間である7分間。特別な時間を過ごした高山の声は、今も上ずる。

「室内練習場にいるときから、選手たちから『高山先生、どうしたんですか?』って心配されるくらい異常にそわそわしていたんですけど、いざ甲子園のグラウンドに立って、全体を見渡してみると『今から甲子園で打つんだな』って実感が沸いて。最後までずっとドキドキでしたけど、楽しくノックを打たせてもらいました」

高山の小気味よいノックを内野手が軽快に捌く。ショートの影山航大も、グラウンドに降り立った当初こそ「ふわふわと体が浮いているような感じがした」というが、緑と白で埋め尽くされたアルプススタンドを見て次第に普段を取り戻していく自分を確認していた。

「初めての場所だったんで『いつもと違うな』って感じるのは当たり前のことなんですけど、最初はやっぱりちょっと緊張して。でも、ノックを受けながらバックネット裏の広さだったり、アルプスにいる町の人たちを見たりしているうちに普通になってきて。なんか、言っていいかわからないですけど、『甲子園だ！』みたいな感じにはならなかったですね」

7分間のシートノックが終わる。ホームベースから三塁線に沿うようにしてチームが並び、キャプテンの中道が、いつものように「気をつけ！　ありがとうございました！」と号令をかけ、一同が甲子園に向かって頭を下げる。アルプスタンドからの拍手を背に選手たちがベンチ前に集合すると、監督の島影がゆっくりと口を開いた。

「幸せだな」

そう言ってから、1年前の甲子園見学からの歩みを、簡潔ながらもしみじみと紡ぐ。

「本当に甲子園で試合ができるんだな。1年前、希望者だけしか来られなかったけど、この三塁ベンチで『来年、ここに戻ってくるからな』と話したことを、お前たちが実現してくれたんだよ。ほんとすげぇわ、お前ら。俺を甲子園に連れてきてくれて、本当にありがとう。これから、北国の厳しい環境でもしっかりと鍛えてきたことをここで見せよう！」

しゃー!!

選手たちの声が、猛々しく甲子園の空に響く。別海の新たな1ページが開こうとしていた。

強豪・創志学園相手に序盤は互角の勝負

別海と創志学園の試合があった3月20日、兵庫県の天候は荒れていた。

神戸地方気象台によると、上空に強い寒気がなだれ込んだ影響で、甲子園球場のある西宮市より西側に位置する神戸市で最大瞬間風速24・3メートルを観測。さらに西にある明石市でも最大瞬間風速21・7メートルを記録した。10メートルを超えれば「強風」とされるため、この日の風がどれほど強いかがわかる。最低気温は平年より0・7度高い7・4度だったが、この強風により体感温度は真冬そのものだった。

「寒さは慣れていますけど、風はめっちゃ強かったですね」

堺暖貴はそう言いながらも落ち着いていた。3月13日の甲子園練習でマウンドに立った際には土が柔らかく感じたが、試合となると丹念に整備されているためか、そこは違和感がないほど固くなっていた。

甲子園のまっさらなマウンドに、別海のエースが立つ。

「独特の雰囲気というか、あれだけお客さんが入った球場で試合をするのは初めてで、相手の吹奏楽も今まで聞いたことがないくらいすごい音量で。でも、あんまり緊張することなく、いつも通り試合に入れたと思います」

1回表。大会前から取材で何度も言ってきた「打たせて取るピッチングをします」を体現する。創志学園の1番・亀谷理仁をファーストゴロに打ち取る。2番の杉山大宙にはレフト前にヒットを許し、2アウトとしたところで4番の豊島虎児にセンター前へ運ばれ一、二塁とピンチを作ってしまうが、堺が試合で意識するポーカーフェイスに変化は微塵もない。5番の賀陽瑛史をセカンドゴロに打ち取ったエースは、悠然と三塁ベンチに帰ってきた。

その裏、別海の攻撃。選手のウォーミングアップのように試合前から調律を合わせていた標茶との合同ブラスバンドが本領を発揮する。その傍らでは、応援団を引率する副部長の小山暢彦が、チームの戦いを気にしながらもスタンドに目を光らせ、耳はグラウンドに傾けていた。

「僕はスタンドの一番下のほうで、帯同してくださる高野連の方といました。ガイドラインで決められている応援スタイルからあまりにも逸脱していると、その方から『今の応援はやめてください』とご指摘を受ける場合もあるとのことだったんで。ブラスバンドとか応援が活発になる攻撃のときはそういうところを気にしながら見ていました」

事前に高野連から配布されるガイドラインによると、「太鼓は1個まで」「はっぴ着用での応援は禁止」「○○を倒せ！ といった相手への配慮に欠けた声掛けは厳禁」といったような項目が並んでおり、小山がSNSなどを通じ、事前に応援団には伝えてあった。そうはいったところで1600人もの応援団一人ひとりに行き届いている確証がないため、トラブル防止も兼ねて高野連の担当とともにスタンドを管理しなければならないのである。

試合中のちょっとした機微を、小山が笑いながら話す。

「僕も初めての経験でしたし、全員を見られるわけではないので不安はありましたよ。『はっぴ着てる人がいたらどうしよう』とか、想定外のことが起こってしまったら……とか。選手たちを応援する気持ちのほうが強かったですけど、そういったちょっとしたビクビクもありました」

結果を先に述べると、即席ながらも一体感を全国に披露した緑と白の大応援は、選抜で「応援団賞」の優秀賞に選ばれた。

小山の気苦労をよそに、波岡昊輝が別海の先頭バッターとして打席に向かう。

彼には大きな約束があった。

大前提としてあるのは、甲子園まで応援に駆けつけてくれた人たちのために精一杯プレーし、勝利を届けることである。それは、波岡のみならずチームの誰もが思っていることだ。

個人的にはまず、家族への恩返しがある。

４人兄弟の長男。実家にいた中学までは、よく兄弟で遊んでいたほど仲がよかった。高校は札幌から遠く離れた別海を選んだことで過ごす時間がほとんどなくなり「寂しい思いをさせているんじゃないか？」と常に心配している。そして、なによりも両親の存在だ。小学校からいじめを受け、中学で行き場をなくした自分にオックスを進めてくれたのが母だった。そこで野球をする選択肢を与えてくれたからこそ、今がある。

「俺が夢舞台で頑張っている姿を見せたい」

家族への想いは、常に原動力として波岡に息づいている。

そして、もうひとつが亡き友へのメッセージである。

少年野球チームでともにプレーしたその友は病弱だった。当時はチーム間での仲がよく、頻繁に「このなかで誰が甲子園に行くと思う?」と話題に挙がっては、みんなで盛り上がっていた。そのなかで友は、波岡を真剣に応援してくれていた。別海への進学を決意し、離れ離れになることになっても、悲しさを打ち出すより「全道大会とか甲子園に行ったら、絶対に応援行くから頑張れよ!」と後押ししてくれたほどだった。しかし、波岡が別海のユニフォームを着て甲子園に立つ姿を見ることなく、友は旅立った。

「全道だけじゃねぇ。こいつのために、絶対、甲子園に行く」

波岡は心を震わせながら、誓ったのである。

「そのくらい、個人的な想いっていうのがものすごく強くて。家族とその友達のために甲子園で頑張るっていうのがあったから、ここまで来られたっていうのがあったんで」

想いが、波岡に宿る。だからといって打てるほど、全国は甘くない。創志学園のエース・山口瑛太の左腕がしなる。初球を見逃して少し落ち着く自分がいたが、相手のボールを見るうちに、現実を突きつけられる気分に陥る。

「自分がこれまで見てきたピッチャーよりテンポがよくて、真っすぐも速いし、スライダーの曲幅も大きくてコントロールもよかったんで、『どう対応していこうか?』と考えているうちに打ち取られてしまいました」

波岡がセカンドゴロに打ち取られると、影山、立藏が連続三振に倒れ、別海は三者凡退で1回の攻撃を終えた。

高校野球の応援は、守備のターンでは相手への配慮からブラスバンドを活動させずプレーを見守るのがルールとなっている。別海の応援を引率する小山も、このときばかりはグラウンドに背を向けず選手たちを見守ることができるのだが、最初は安心して見られた。

「最初の3回までは『おお！』とか思いながら見ていました。いつも冗談を言い合いながら、時々、小馬鹿にしてくるようなかわいさがある堺が三振を取ったり、ちゃんと打たせて取ったりするピッチングを見ながら『真剣な顔して投げてるよ』と嬉しく見ていましたね」

普段からピッチャーの指導をメインとする小山が評するように、堺自身も序盤はパフォーマンスに手応えを抱いていた。

「スライダーでカウントを取ったり、インコースのボールで詰まらせられたりっていうなかで、自分が思ったようにゴロとかフライで打ち取れていたところは結構あったので、そこは通用できている部分かなと思いました」

堺は3回まで4安打を許しながらも要所を切り抜け、無失点に抑えていた。この回が終了時点で0—0。別海は中国地区の強豪相手に互角の勝負を演じていた。

試合の流れを変えてしまったワンプレー

選手を責めるつもりはない。ただ、圧倒的な信頼感があればこそ「なんであそこで」と、島影が嘆いても嘆ききれないほどのプレーが起こってしまったのは4回表だった。

創志学園の賀陽の打球がショートに飛ぶ。堺からすれば、それまでと同じように完全に打ち取った打球であり、影山にとってもイージーなゴロだった。足を動かし、しっかりと打球の正面に入ったところで、甲子園の魔物が新参者を試すが如くイレギュラーバウンドを演出する。本来ならばグラブに収まっているはずのボールは影山の左手首を直撃するがまだ冷静で、「間に合うだろう」と送球するも、これがファーストの立藏が体を伸ばしても届かないほどに大きく逸れてしまったのである。影山がシートノック前に感じていた「ふわふわ」は、自分でも気づかない奥底でまだ潜伏していたのである。

「自分としてはちゃんと投げていたつもりでも、全然ボールがいっていなくて。そこで、自分の体が思った以上に動いてないというか、まだ緊張しているというか、無意識に体が宙に浮いているような感じがしているんだなっていうか。そんな気持ちになりましたね」

影山の一連のプレーによってノーアウト二塁とピンチを広げてしまった別海は、送りバントと犠牲フライであっさりと先制点を与えてしまった。

試合の均衡が破れたなか、一矢を報いようとしたのもまた影山だった。

４回裏。１アウトから打席に立つ。本当ならば球場に向かう途中に聞く、大阪桐蔭のブラスバンドの曲でも特にお気に入りの『Ｙｏｕ ａｒｅスラッガー』をチョイスしてもいいところ、影山が別海のブラスバンドにリクエストした応援曲は『必殺仕事人』だった。

「やっぱり、自分の打順とか役割を考えると『Ｙｏｕ ａｒｅスラッガー』じゃないなって。自分は結構、バントとか小技をすることもあるんで、『必殺仕事人』のほうがいいかなって。こっちもかっこいい曲だし、前もこれで打てていたんでゲン担ぎというか」

エラーをその場で瞬時に自己分析できていたように、影山は自らのミスを引きずってはいなかった。それどころか、打席では笑っていた。

山口への驚きと興味。そんな感情が入り混じっての表情だったのだという。

「まず、すごい球を投げるなって。『自分たちと同じ学年で、こんなに速い球を投げるんだ。スライダーもこんなに曲がるんだ』って」

実はその笑みには、ちょっとした自信も介在していた。前年秋の全道大会初戦で、苫小牧中央のエース・渡邉大仁から２安打していたように、左ピッチャーは比較的、得意としていた。創志学園の山口はストレートの最速が１４２キロと速く、スライダーのキレ味が抜群の、選抜でも代表的な左腕であるのは間違いないが、影山は「狙い球を絞れば打てる」と思っていた。この打席ではスライダーを捨て、ストレート１本に的を定めていた。そのなかでもアウトコースに絞っていたが、インコースのボールに体が反応し、レフト前へ弾き返した。

それまで、ひとりのランナーも許さなかった山口に風穴を開けると、2アウトから影山が盗塁を成功させ、4番の中道も相手のボールを見極めてフォアボールと一、二塁。さらに相手の暴投で二、三塁とチャンスを作った。ここでギアを一段階上げた山口の前に三振した堺が、素直に相手を認めた。

「これは全体的にですけど、すごくよかったです。ストレートの伸びとかスライダーのキレっていうのは、今まで打席で体感したことがないようなボールで。バッターとして見たときに、ピッチャーとしてのレベルの高さを感じました」

山口のピッチングの巧さによって、別海は同点の芽を摘まれてしまった。スポーツにおける流れ、特に悪い予感というものの的中率は恐ろしく高く、島影はこの回の攻防によって明らかに創志学園のペースに傾いていると確信めいたものがあった。

すべての始まりは、ショートのエラーだったと、島影は顔を下げる。

「あのプレーは大きかったというか。不運な部分もあったんですけど、あれがせめてダブルエラーではなくどちらかだけだったら、と考えてしまうと。このチームはセンターラインの安定が一番の売りなだけに、チーム全体が動揺してしまったところはあったと思うんですよ」

試合も後半に差し掛かろうとしていた5回、監督の〝予言〟が的中する。

8回途中で降板。エースの「収穫と反省」

動揺の連鎖はミスという形で再び顕在化した。

1アウト一塁から堺の牽制球が大きく逸れる悪送球となってランナーを三塁へと進めてしまい、打席の杉山にもフォアボールを与えて一、三塁とピンチを拡大してしまう。さらに、盗塁で二、三塁とされたところで、朝野晴斗のセンターへ抜けそうかという鋭い打球をセカンドの千田が半身でワンハンドキャッチし素早くホームへ送球する。ところが、捕球したキャッチャーの中道がランナーへのタッチを急ぐあまりにミットからボールを落としてしまい、2点目のホームを許してしまう。

島影がベンチでうなだれる。

「千田がいいプレーをしてすぐにバックホームしてくれたんで、間一髪でアウトにできるかと思っていたんです。そのボールを中道がポロッと落としてしまったということは、あいつもどこかで動揺していたんだと思うんですよね。結局、あのプレーも尾を引いてしまうわけで」

影山から始まった守備のミスは堺、中道とセンターラインに伝染してしまった。2点を失い、なおも1アウト満塁から賀陽のセンターへ抜けようかというゴロを影山がダイビングキャッチしてセカンドに送るビッグプレーが生まれたが、その間にさらに1点を失う。そして、2アウト一、三塁から、遂には千田にまでその悪影響が及んでしまったのである。

　後藤龍太朗の打球がセカンドベース付近へと転がる。別海の二遊間は二塁ベースへボールを送りやすいよう予めベース寄りの中間守備を敷いており、普段の千田であれば難なく捌けるはずだったが、これを後逸してしまったのである。

「打球が飛んできた瞬間に、ボールよりベースが気になっちゃったっていうのがあって。捕球できればそのままセカンドベースを踏めるくらいの距離だったので、そこを意識しすぎてしまったというか。本当なら『捕ってから踏む』ところを『捕る前に踏む』ことを考えすぎてしまったのがあのエラーになってしまったのかなって。もっと丁寧にプレーできるくらい練習しておけばよかったんですけどね……完全な実力不足でした」

　別海にとってあまりにも大きな3失点だった。それでも、島影がベンチで声を張り上げる。

「切り替えろ、切り替えろ！」

「ここからチャンスを作るぞ！」

　監督の檄に応えるように、6回には2アウトながら一、三塁と、甲子園初得点の絶好機を作るが中道がサードゴロに倒れた。この際、キャプテンは、別海では怪我防止の観点などから禁止となっているヘッドスライディングを敢行する。タイミングとしてはギリギリではなく、むしろ走り抜けていたとしても確実なアウトの打球だったにもかかわらず、である。

　本人が言うには、それは無意識でのプレーだったという。

「高校に入ってからはしたことないかもしれないくらい、自分でも『なんでだろう?』って思っていて。やってはいけないことだとわかってはいたんですけど、あの場面はチャンスでしたし、自分が塁に出られれば１点を返せたんで『セーフになりたい！』って気持ちのほうが強かったのかなって思います」

気力が張ったプレーであるのは確かだ。しかし、島影にはそれが空回りに映っていた。

「らしくないなって感じでしたね、中道だけではなく全体的に。エラーが出始めた５回から勝手にバタバタし始めて、『いつもの野球ができなくなっているな』と見ていました」

ちぐはぐな別海をあざ笑うかのように、相手ピッチャーの山口はますます乗ってきた。ストレートとスライダーのコンビネーションが冴えわたり、６回まで10個もの三振を奪われていた。打線のあまりの淡白さに内心ではイライラする場面もあったが、「監督が諦めたら試合が崩壊してしまう」と理性を保ち続けていた。

島影としては悔しいことに、それほど山口にはお手上げだったのである。

「僕としては苫小牧中央の渡邉君が北海道でも１、２を争うくらい、いいと思っていて。そのレベルの左ピッチャーを打ち崩せた経験があったので、試合が始まるまでは『なんとか食らいついていけるんじゃないか?』と考えていたんです、情けない話ですけど。山口君のボールは今まで見たことがないくらいすごくて、『北海道とは比べ物にならないピッチャーがまだまだいるんだな』と、改めて全国の広さとレベルの高さを思い知らされた気分になりました」

傷口はさらに広がる。

7回、2アウト一、二塁での後藤の打席でエンドランを仕掛けられ、前進守備を敷いていた波岡がホームへの送球を焦り、これが暴投となってランナーふたりの生還を許し0—6としてしまう。そして8回、島影はついに決断を下した。

2アウトから亀谷にスリーベースヒットを打たれ、杉山にもフォアボールを与えたところで、ピッチャーを堺から金澤悠庵へとスイッチしたのである。

ここには伏線があった。

6回あたりから相手打線にボールを捉えられるケースが増えてきたと見ていた島影が、キャッチャーの中道に確認を取る。

「どうだ？　堺のボールは厳しいか？」

「だいぶ合わされてきていますけど、まだいけます！」

しかし、8回にもピンチを迎え、マスクを被る中道にアイコンタクトを送ると頷いた。そこで決心を固めることができたのだと、島影は言う。

「あの試合に関しては最初から堺に投げ切ってもらうつもりで送り出したので、継投するということはうちの負けパターンだと思っていたんです。そこで中道と確認をしながら『やっぱり厳しいな』ということで、コントロールのいい金澤がうまくコーナーを突いて相手の目先を変えてくれれば、ということで代えました」

5番バッターであることからもわかるように、バッティング能力も高い堺はマウンドを降りるとファーストへ回ることが多いが、この試合ではそのままベンチに下がった。潔いノックアウト。7回2／3、107球を投げ、9安打、2奪三振、4四球、7失点。自責点は3。堺はこの結果に清々しいほど自らの未熟さを受け入れていた。

「創志学園くらいレベルが高いチームになると、ボールが少しでも高く浮いてしまうと見逃さずにクリーンヒットを打たれてしまうのはわかっていたんで。自分たちがエラーをしてしまったことが失点に繋がってしまった部分はあるんですけど、自分がもっと相手を詰まらせるようなボールを投げなければいけなかったと思っていて。球数としてはそこまで投げていたわけではなかったということは、最低限の打たせて取るピッチングはできていたわけですけど、『守り勝つ』というところではまだまだ自分に足りない部分が多かったなと思っています」

悔しさをバネに這い上がってきた2番手ピッチャー

三塁側のアルプススタンドに沿うように設置してあるブルペンで肩を作りながら、金澤は堺のピッチングをずっと見守っていた。そして、こうも思っていた。

「俺も甲子園で投げたいな」

別海中央中では金澤がエースだった。それが、ともに別海に入学すると指導者からピッチャーとしての才覚を見出された堺が頭角を現した。1年だった頃は、まだ「自分も負けないように頑張って、最後にはエースを勝ち取る」と意気込んでいたがその差は広がるばかりだった。

2年生の夏が終わり、新チームが始動したときのこと。体調や食事といった生活習慣から練習内容やその成果などを記録・共有できる『アトレータ』というアプリケーションで、監督から金澤へこんなメッセージが届いた。

〈秋はお前が1番を付けていないとダメだからな〉

やる気が漲り、テンションも上がった。それが直接の原因ではなかっただろうが、7月の紋別合宿中に熱中症でダウンし離脱してしまった。そこからリカバリーが遅れ、結果的にチームが大躍進した全道大会で登板がないなど、秋はほとんど見せ場がなく終わってしまった。

「本当に結果を出せず不甲斐ない日が続いているなかで、監督からも『エースになれ』みたいに言われなくなって『諦められたのかな？』と思うこともありました」

低迷する金澤を尻目に堺は全道大会ベスト4に大きく貢献し、絶対エースとしての地位を確立していた。普段の学校生活では仲はいいが、グラウンドでは誰よりも意識する存在である堺との距離が離れていく一方だと自覚させられるほど悔しいものはなかった。コーチの大友孝仁などの支えによって、オフシーズンに腐らずトレーニングに励んだ結果、春の鹿児島遠征でレギュラー番号である「7」を与えられ、関西遠征期間中の京都翔英との練習試合では先発して5回無失点と好投。エースではないがピッチャーとして監督の信頼を取り戻した。

だから、甲子園でも野手ではなくピッチャーにこだわった。

創志学園戦の前夜。スタメン発表の直前に監督から呼ばれた金澤は意思を確認された。

「野手として出たいならスタメンにする。もし投げる気があるならベンチでしっかり準備していてほしいんだけど、お前はどっちがいい？」

「2番手で控えさせてもらいます」

金澤は即答した。それは、エースにこだわってきた、ピッチャーとしての矜持だった。

「悔しい想いをずっとしてきたんで。自分は選抜のときから『夏はエースナンバーを背負って見返してやりたい』と思っていたので、仮に甲子園で投げられなかったとしてもピッチャーとして出る準備だけは怠りたくなかったというか」

堺からバトンを継いでマウンドに上がった8回はバッターに集中していたため、自分を俯瞰する余裕はなかった。2アウト一、三塁から朝野に意表を突かれるセーフティバントで1点を失うが、後続でホームに突進してくるランナーをファーストの立藏が冷静に刺し難を逃れた。

そして9回、今度は落ち着いて周りを見渡しながらマウンドに上がると、「甲子園を実感できた」のだと金澤は笑みを見せる。

「ピッチング練習のときに甲子園の景色を見ると、バックスクリーンもそうですし、観客席とか全部が大きくて。すごく背筋が伸びたというか、やっぱりすごい球場だなって思いました」

9回のマウンドは、緊張はなく喜びと興奮で満たされていた。

球速は130キロそこそこと決して速くはないが、右腕をしなやかに振れるピッチングフォームであるためストレートには伸びがある。テンポよくボールを投げ込むことでリズムを作り、1アウトからフォアボールでランナーを出したものの、6番の後藤をセカンドへのダブルプレーに打ち取り無失点でベンチに戻ってきた。

監督が金澤を出迎える。

「夏はお前がエースになって、甲子園に戻ってこないとダメだぞ」

自分はまだ、期待されているんだ――。

金澤はこみ上げてくる感情を必死に抑えながら、「はい！」と威勢よく応じた。

甲子園でアピールに成功した2年生たち

川上はレフトからマウンドの金澤を見ていた。もちろん、相手バッターには集中していたが、どうしても彼の背番号「7」が目に入ってしまう。

昨秋はその番号を自分が背負っていた。しかし、チームが躍進を遂げた全道大会では苫小牧中央戦こそスタメンだったが、知内戦では途中出場となり、北海戦では打席に立てず終わった。大会を通じてノーヒット。この頃からバッティングの調子が上がらず危機感を抱いていたが、ひと冬を越え、別海が選抜出場を決めても状態は好転しなかった。

「正直、わかっていたんです。『背番号、下がるだろうな』って」

鹿児島遠征中に選抜での背番号が発表され、川上は「14」に降格となった。1桁の番号ではないショックはなく、それよりも試合に出られない恐怖心が強かった。

「甲子園の試合は、絶対に出る」

そう心に決め、1日200本近くバットを振った。練習試合が解禁となった3月の関東遠征ではスタメンが少なく、監督から「レフトがいない」と嘆かれ、チームメイトからも「1試合に賭けろ！」と煽られ続けた。

「試合に出る選手は背番号で決められるわけではないと思っていましたけど、バッティングの調子を上げていかないと甲子園でも打てないなって。『それはさすがにヤバい』と日に日に思うようになって、必死にバットを振りましたね」

結果が得られずとも地道にこなしてきた素振りの成果が表れ始めたのが、選抜を間近に控えた関西遠征である。スタメン出場した智辯学園との練習試合で1打席目にセンター前ヒットを記録すると、精華戦で1安打、京都翔英戦でも1安打とアピールに成功した。

この結果は川上の努力の賜物だが、そのきっかけを与えたのが監督の島影だった。

「そもそもは金澤がひと冬、すごく頑張ったのでレギュラー番号を与えたかったんです。そうなると外れるのは川上になるんですけど、現実をわからせたかったという意味もありました。『秋から立場が落ちたの、お前だけだよ。このままでいいのか？』って。彼も僕のメッセージを受け取ってくれて関西で結果を出してくれて、ひとつ成長してくれたのかなと」

創志学園戦に「9番・レフト」でスタメン出場を果たした川上は、甲子園上空が強風のなか4つレフトフライを機敏に捌き守備で存在感を示した。そして8回、今度は打席で見せた。

川上はこのとき「変化球を狙う」と決めていた。

「相手ピッチャーは変化球が多くて、初球はバットを振れなかったんですけど『次はスライダーが来る』と待っていたら、本当に来たんで」

1ストライクからの2球目。この試合、チームが憎らしく思うほど翻弄されてきたスライダーに迷わずバットを出す。叩きつけた打球は三遊間を通過し、レフト前まで到達した。

川上のようにアピールが報われたひとりに、同じ2年生の安達伶音もいた。

170センチ、86キロの体型が示すようにバッティングが売りの選手ではあるが、練習試合では自分と似たようなタイプである関口光樹がスタメン出場する機会が多かった。そのなかで安達は、精華戦の9回にその関口の代打として登場してレフトフェンス直撃のツーベースヒットを放ち勝負強さを披露していた。しかし、アピールはこれだけではなかった。むしろ、その後の行動こそ、彼が甲子園の舞台に立つ決め手となったのである。

「自分は守備が苦手で……。甲子園前の練習試合でも守りに就けなかったんですね。だから、『甲子園で出られるとしたら代打だろうな』って」

安達は試合序盤の3回からベンチ裏で素振りを続けていた。選抜の対戦相手が創志学園に決まってからは、動画で何度も山口のピッチングを見ていたためイメージはできていた。

９回。先頭の立藏が打席に立ったあたりで監督から呼ばれる。

「５番で行くから」

立藏が三振に倒れたあと、４番の中道が「しっかりボールに当てよう」とインコースのボールに食らいつくライト前ヒットで出塁し、安達の名前がコールされた。

ベンチ裏ではあれだけバットが振れていたのに、いざ甲子園の打席に立つといつもの自分ではないように思えた。実際の山口のボールは動画とはまるで違っていた。ストレートは伸びがあり、ブレーキの利いたスライダーは抜群だった。結果的に「バットを振ってくれれば」という意図の高めの釣り球であるストレートに手が出てしまい三振に倒れ、持ち味をまったく出させてもらえなかった悔しさはあった。だが、安達は甲子園の打席に立たせてもらえただけでもアピールの成功だと、前向きに捉えている。

「山口さんのボールは回転もきれいで、打ちづらいピッチャーでした。結果には満足していませんけど、甲子園の試合に出られただけですごく嬉しかったです」


「今度は日本をひっくり返せるように」

９回、２アウト一、二塁。

ワンヒットで得点が生まれるチャンスで千田がボールを叩く。打球は力なく上がり、相手センターの賀陽のグラブに収まった。

0—7。別海の夢舞台は、1時間44分で幕を閉じた。

スコアだけで判断すれば完敗である。しかし、別海らしさは随所に見られていた。

まずは全力疾走だ。ランナーや守備だけでなく、攻守交替もスピーディーに展開されていた。

ベンチから出される声もそうだ。劣勢であっても前向きに選手を鼓舞するような声掛けは、見るものに好印象を与えた。ベンチからチームを支えた関口が話す。

「智辯学園との練習試合で感じたことがあって。全国トップクラスの高校と試合をするのが初めてだったんで、『どんなもんなのかな?』と観察していたんですけど声掛けがしっかりしていたんです。ポジションごとに目的をもって声を出しているように思いましたし、ベンチにいるメンバーもうまく選手を乗せるようなことを言っていたので、自分も甲子園では試合に出られませんでしたけど、できるだけプラスの言葉を選んで貢献しようと思っていました」

そのチームが甲子園に認められたかどうかを量るひとつに、バックネット裏からの掛け声がある。試合が終わると、両チームは一塁側ベンチ横の出入り口から退場することになっているが、その際の拍手や声援の大きさが物差しとなる。

「また帰ってこいよ!」

「夏も甲子園で待ってるからな!」

三塁側ベンチから甲子園をあとにする別海は、そんな温かな雰囲気に包まれていた。マネージャーの中岡は、その光景を目に焼き付けていた。

「負けちゃったのに、球場を出るときに優しい人がいっぱいいて。お客さんだけじゃなくて、高野連の関係者の方たちも同じように『また戻っておいで』って言ってくださったことに、すごく感動しました」

応援団のシンボルカラーである緑と白の旋風に包まれた、ピンストライプのユニフォームをまといしチームは、甲子園に確かな足跡を残したのである。

この直後に行われた取材でも、キャプテンの中道は「どんな局面でも諦めない気持ちを出せました」と自分たちの野球を誇った。

島影も「あれだけエラーをしてしまったら試合にならない。悔しい負けでした」と監督としての不甲斐なさを打ち出しながらも、チームを称えるように言葉を結んでいた。

「負けはしましたけど、選手たちは攻守交代から全力疾走をしてくれましたし、声出しもしっかりやってくれました。ヒットは少なかったですし得点も取れませんでしたけどチャンスを作ってくれましたし、選手たちはよくやってくれました。たくさんの方たちに支えられて、この大舞台で試合をさせてもらえたことは幸せでした。本当は勝つところを見せたかったんですけど、それは夏に果たしたいと思います」

取材時間も終わりに差し掛かった頃、島影は甲子園でも決め台詞を口にするが、このときは新たなフレーズが加えられていた。

「甲子園に出て別海町をひっくり返すことができました。今度は日本をひっくり返せるように、これから北海道に帰ってチームを鍛え直します！」

中道がキャプテンを続ける意味

選抜大会は高校野球にとって春の訪れを意味している。しかし、3月の別海町はまだ冬の装いを残していた。故郷に帰り、練習を再開した26日のグラウンドにはまだ雪が積もっていた。1日でも早く土の匂いと白球の感触を取り戻したいと、トレーニングの合間を縫っては融雪剤を蒔く。選手たちはそんな日を過ごしていた。

「こんなのが続くなら、キャプテンは無理だろう」

別海が再始動するにあたって、島影が問う。直立不動で監督の話に耳を傾ける中道は「いいえ」と言ったきり無言を貫いていた。

問答はこのときが初めてではない。むしろ、節目では必ずと言っていいほど起こるやり取りでもあった。前年の夏に新チームが始動してからキャプテンとなった中道は、〝問題児〟と呼ばれていたそれまでが嘘だったように自分を律するようになっていた。だがその一方で、本来は4番バッターながら秋は7番に降格させられたように、チームを率いることへの責任感が強すぎるあまり試合でのパフォーマンスが低調になる場面が目立っていた。

島影は「キャプテンと4番」のアンバランスさをずっと気にかけ、このように中道を鼓舞し続けてきた。

「お前が打たないとこのチームが勝てないのは、わかってるよな。それなのに、キャプテンの自分ばかりを気にしてバッティングが疎かになる、キャッチャーの守備が散漫になる。そうなるくらいならプレーヤーに専念してくれよ。両立することへのプレッシャーに打ち勝てないようなら辞めてもらったほうがチームのためになるんだからな」

選抜後にも同じような趣旨で釘を指すと、中道は島影の言葉の節々で「はい」「いえ」を繰り返すだけで、決して「辞めます」とは言わない。

そして翌日、いつものように中道は監督に申し出る。

「いろいろ考えたんですけど、やっぱり自分がキャプテンとしてチームを引っ張って夏も甲子園に行きたいんで、このまま続けさせてください」

副キャプテンの寺澤やマネージャーの中岡らチームメイトが口を揃えるように、中道はとにかく頑固である。自分の意志を曲げず、一度決めたことはやり通す。キャプテンといった大役を任されているのならなおさらのことである。

だが、理由はそれだけではない。中道が胸襟を開く。

「『キャプテン、辞めるか?』って監督さんから何回も言われてるんですけど、自分では1回も辞めたいと思ったことがなくて。この野球部でキャプテンをやらせてもらって、しかも甲子園でもやらせてもらって本当に幸せですし、ここまできたなら最後までやりきりたいっていう気持ちが強いというか。監督さんからたくさん怒られるんですけど、最終的に『中道がキャプテンでよかった』と思ってもらえるように頑張りたいなって」

島影の「厳しさ」には、その人の克己や奮起を促すといった明確な意図が込められてはいるが、叱責されているシーンを目の当たりにすると辛く見えてしまう部分も否めない。チームのなかでとりわけ槍玉に挙げられるのはキャプテンの中道で、前述の問答のように監督との間に言葉は少なく、長い沈黙はよりその場を凍り付かせる。

いくら怒られることに多少の免疫がついていたとしても、しんどいときはしんどいものである。そんなことを中道に向けると「はい」と短く答え、本音を垣間見せる。

「監督さんが怒るということは、自分だったりほかの選手だったり、チームが伸びる時期なんじゃないかなと思うところもあるんで。だから、耐えるって言ったら変かもしれないですけど、そういうところも乗り越えていかないといけないのかなと、思います。でもまあ……そうですねぇ、きついことはきついかもしれないですけど」

前年夏の紋別合宿でコーチの小澤永俊が「理不尽を受け入れよう」と訴えてから、それは選手たちの共通認識となっているし、監督の島影も「高校野球が終わってからの人生のほうが圧倒的に長いんだから、そこで理不尽が起きたときに対応できる人間になってほしい」と享受し、率先して促すようになっているほどである。

島影やほかのコーチ陣のような大人同士であれば割り切れることであっても、その相手が高校生であれば不合理だと受け取られることだってあるかもしれない。

例えば、島影は練習試合で簡単なミスをすると、不動のキャッチャーである中道であっても交代させることがある。それは「なぜ代えられたのか自分で理解しなければ進歩はない」といった思惑があるのだが、選手からすればそこまで事態を斟酌することができず「なんで1回のミスで代えるの？」と不満に思ってしまうことだってあるのだ。

高校生からすれば、それを理不尽と捉えても仕方がないと言えば仕方がないのである。

ただ、島影たちが唱えているように、本来ならば社会に出て初めて直面するこういった理不尽を高校生から学べる別海の選手は、受け取りようによっては幸せでもあるはずだ。

「ははは。そうですね」

中道が見せた笑みは、作りものではなかった。どこか合点がいったような表情を見せながら、自分の意見を真っ直ぐに伝える。

「秋の全道大会前とかも『キャプテン辞めろ』とかずっと怒られていて、そのときは『え？』とか思った部分もあったんですよ。でも、ずっと怒られているうちに『見返してやろう！』って思うようになって、それで全道で打てたんで。これが正しいかどうかわからないんですけど、そういう気持ちも大事なんじゃないかなと思ってはいます」

それは、一種の開き直りなのかもしれない。ただ、生粋のお調子者でムードメーカーである中道のキャラクターを考えれば、最善な理不尽の受け入れ方であるのかもしれない。

選抜後に生じた監督と選手の見えない壁

高校野球で最も早く開幕する公式戦が選抜である。出場校はそこをピークにチームを仕上げていくため、大会が終わるとどうしても熱気が沈下してしまう。それはいかなる強豪校であっても避けては通れない道で、春から夏へ向け再び状態を上げていく作業に取り掛かる。

別海にとって大きなハンデとなるのは、甲子園から帰ってきてからすぐに土のグラウンドで練習できないことだった。鹿児島、関東、関西と当たり前のようにできていたメニューをこなせないことによって、チームは雰囲気をさらに落としていた。

春はベースコーチをメインにチームを支えていた、橋本流星の言葉が的を射る。

「甲子園まではグラウンドで練習できていたのが、こっちに帰ってきてからそれができなくなったのもあると思うんですけど、4月に入って練習試合が始まると、普段なら簡単なミスをしないような選手にそれが出たり、内野のカバーリングが遅れたりとかが結構、多くて。『いつもなら言われないよな』っていうことも監督から注意されるようになったというか。選抜が終わってひと区切りついちゃったというか、自分も含めてみんなモチベーションを上げ切れていないのかなって感じる部分はありました」

練習試合ではそういったチームの不甲斐なさを隠すように、選手たちはやたらと声を出す。そんな空元気を見透かされるように、監督から怒声が飛ぶ。

「テンションだけで野球やってんじゃねぇよ！」

4月上旬に組まれた釧路遠征では、釧路湖陵、釧路北陽、武修館と合計4試合を行い2勝1敗1分の成績だった。勝ち越しこそしたが、橋本が懸念していたように決して褒められた内容ではなく、島影は「ガンガン怒った」という。

「選抜が終わって『1回、落ちるだろうな』っていうのはわかっていたんです。だから、あえて『甘えるなよ！』という意思表示をしたんですね。北海道は5月には大会がありますし、悠長なことを言っていられないんで」

監督の厳しさを知る選手にしても、根本ではわかっているはずなのである。だから、釧路遠征が終わると足元を見直すように、ミーティングで話し合った。

キャプテンの中道が士気を高め、副キャプテンの寺澤が冷静に取りまとめる。今までと同じようにチームが歩もうとするなか、そこに厳しさを注入するようになったのがエースの堺だ。

「盛り上げるみたいなノリでやるのは、今は違くね？」

チーム状況を見極め、俯瞰する。それが、別海には必要なことだった。堺が代弁する。

「選抜を経験したことで、夏に甲子園に行きたい気持ちはみんな秋よりも強くなっているんで、ただ楽しく練習するんじゃなくて、悪い部分をお互い指摘し合ったり、個人の技術を高めたり。そういうことが大事になってくるんじゃないかなって思ってるんで。そういうところを伝えていくことが自分の役目だと思っていて。自分としては『気づいたことは周りに言っていこう』って意識するようにはしていました」

選手の想いを知りながら、島影はそれまでのアプローチを一変させる。釧路遠征では感情を露わにしながらチームを叩き直していたかと思えば、その翌週に別海のグラウンドで行われた中標津と根室との練習試合では沈黙を貫いたのだ。

集合時間に数分遅れてしまった選手を一切、試合で起用せず、エラーをした選手は「そんな簡単なミスをするようならいらないよ」と強制的に交代させる。それは、意図的に選手の意志の介在を拒絶しているようにさえ思える冷徹さだった。

監督と選手に見えない壁が生まれる。奇しくもこのタイミングで、野球部の父母会が主催する指導者と選手合同の選抜慰労会が行われたのだが、状況を鑑みた島影が「自分は行かないほうがいいと思います」と提案したほどだった。結果として参加することとなった監督は、表面上は支えてくれている保護者に向かって、でも実際は、終始しおらしくしている選手に問いかけるように自分の決意を表明した。

「甲子園に出て『やっぱり勝たないとダメなんだ』と思わされました」

そして、保護者たちにも「子供たちに届けて欲しい」とばかりに、甲子園通算68勝を挙げた智辯学園和歌山高等学校の前監督である髙嶋仁の言葉を引用しながら訴えかけた。

「智辯和歌山の髙嶋前監督は『監督にとって甲子園は麻薬なんだ。1回来たら、もう1回……また来たら何回も来たくなる場所になる』と言っていました。だから、別海高校も夏にまた甲子園に行って、何回も行けるようなチームにしたいんです」

監督の振る舞いを静かに見ていた選手たちのなかには、「ふざけんな」と不満を抱えていた者だっていたことは事実だ。しかし、そんな彼らだって深層ではわかっているのだ。

この厳しさがあったからこそ甲子園に行けたのだ、と——。

中学時代、指導者の理不尽によって身体に影響を及ぼし、登校拒否にまで陥った立藏の言葉こそ、その真意を突いていた。

「中学のオックスでは褒めるところは褒めてくれるし、怒られるにしても優しくフォローしてくれたんですけど、ああいう環境で野球をやらせてもらったからこそ、また野球が楽しいって実感できましたし、札幌から別海に来る覚悟もできたんで。その時点で『高校では厳しく指導される』ことはわかっていました。正直、監督に怒られると真に受けてしまう自分がいたんですけど、オックスみたいな環境を求めてばかりいては成長しないとも思っていたんで。そういうところでメンタルは少しずつ強くなっているのかなって思います」

立藏は「もっと言えば、『なにくそ!』と思いながらやってますよ」と目力を込めて言った。

それは、何度も「キャプテンを辞めろ」と告げられても首を横に振る中道の精神に通ずる。

これは選手たちにとっての覚悟であり、それを生み出しているのが島影の厳しさなのである。

「選手にきつい言葉を投げかけることが〝パワハラ〟かどうかは、相手との信頼関係次第だと思っているんですね。もし、それが僕の一方的な考えだけで、選手に『自分のために』と思ってもらえなければ関係性は破綻してしまうので、監督をやるべきではないんです。僕はそれだけの覚悟を持って選手たちと接しているつもりです」

監督の覚悟を客観的に落とし込めている選手が堺である。彼が前述していた「役割」とは、まさに島影の意図を汲み取っている証左だ。

「監督が怒ったり、なにも言わなかったりするっていうことには意味があると思うんで、そういうときにこそ『監督は自分たちになにを求めているのか?』って考えないといけないですし。それが、自分たちが目指している夏の甲子園に繋がっていくことなんだと思っています」

雑草は、踏まれるたびに逞しさを増していく。

別海の選手も同じだ。監督に叩かれるからこそ、土を踏みしめ、顔を上げる。

監督の想像を超えた選手の成長。決意を新たに夏の甲子園へ

冷えた関係性というのは、当事者としては意外に客観視できないものである。選抜後の島影と選手たちがまさにそうで、互いが深層では理解しているつもりでも、どうしてもぎくしゃく

した雰囲気を払拭することはできていなかった。

別海が大人だったのは、それを周りがしっかりと理解し、そっと見守っていたことである。副部長でコーチの小山の意見が確信めいていた。

「選抜が終わってから春の大会が始まるまでっていうのは、監督と選手がジレンマと戦いながら進もうとしているなって感じでした。ピッチャー陣はそれぞれボールが強くなっている部分はあるけど、ちゃんと抑えられているかと言ったら違うし、打線も繋がりがあるかと言ったらそうではないとか。監督は『今はチームの状態を下げてもいい』と思っているでしょうし、歯車が噛み合わないのは仕方がないことかな、と」

島影が無言を貫いて選手たちを突き放している期間に声を上げて叱咤していたのが小山で、部長の砂田は「今は休憩モードなんで、春の全道で8割、夏までに10割に上げればいいんじゃないですか」と静観していたように、コーチ陣も雰囲気を察しながらの指導を心掛けていた。

その姿勢はチームも同じである。選手たちが張り詰めた空気を醸し出すなか泰然自若としていたのがマネージャー陣で、3年生の中岡はあっけらかんとこう言ってのけていたくらいだ。

「私は2年間、監督の近くで野球とか練習を見させてもらっているんですけど、選抜に出たからとかじゃなくてこの期間はだいたいこんな雰囲気になるんで。春大も近づいてくるからそうなってくるのは仕方ないし、今、そういうなかで練習しておかないといけないっていうのは選手のみんなもわかっていると思います」

意図的にチームの状態を落とした島影は、春の釧根支部予選で負けると睨んでいた。今年の別海は選抜に出場したことで、全道大会に「推薦枠」として出場することがすでに決まっていた。だからといって「負けてもいい」と勝負を捨てていたわけではなく、この支部予選の組み合わせが厄介だったからだ。初戦で対峙する釧路湖陵は、島影が釧根支部で最も警戒しているほど力があり、勝ったとしてもおそらく武修館、釧路江南と釧根の有力校との対戦が予想されていた。かたや別海はチームの状態が決していいとは言えない時期であったため、「支部での反省をブラッシュアップし、全道大会に臨めれば」と、島影は考えていたのである。

それが、いざ大会が始まってみると、選手は監督の思惑を超えるほど逞しくなっていた。

釧路湖陵との試合では、先発の堺がコントロールなどに苦しみ2回終了時点で0―3と追う展開となっていた。ベンチの島影も内心では「これは、やっぱり厳しいかな」と思いつつも、「いつもピッチャーに助けられてるんだから、野手は頑張れよ！」と檄を飛ばす。すると、直後の3回表に一挙5点を奪って逆転し、最終的に10―6と打撃戦をものにしたのである。

選手を見くびっていた――そう言わんばかりに島影が唸り、チームを称える。

「秋にはなかった落ち着きみたいなものがあったんですね。僕よりもどっしりしていましたよ。うちは選抜があったことでどこよりも早くコンディションを上げることはできていたんですけど、その分、チームの状態としてはベストとは程遠くて。僕は『負けたとしても、夏に向けてチームを作り直そう』と考えていたのに、彼らはそこを乗り越えてくれていたんです」

精神面での成長はもちろんだが、選抜後に島影が仕込んでいた要素に目処が立ったのもチームとしては大きかった。

「夏は堺と金澤だけでは戦えない」と、練習試合から多くの選手をマウンドで試していた。3番手ピッチャーである立藏がピッチングフォームの改善から実戦登板に復帰したばかりだったこともあり、橋本や川上、波岡、鎌田侑寿紀とピッチャー経験の有無にかかわらず、最低限の制球力やボールに威力があれば、島影は積極的に投げさせていた。それが手応えとして表れたのが、支部予選の決勝だった。先発の金澤からバトンを受け継いだ波岡が2回を無失点に抑え、そこから立藏、堺と継投して1―0で逃げ切った。これには、島影も「夏を戦ううえでピッチャー陣が整いつつあるのは収穫」と評価した。

なにより、全道大会が確約されたなか、しっかりと釧根支部を勝ち抜けたことの意味は大きかった。島影がチームの成熟度の高さに舌を巻いたように、彼らの落ち着きは戦い慣れた釧根支部だけではなく、全道大会の札幌でも変わらなかった。

試合の視察に訪れた大学関係者が感心する。

「甲子園に行くようなチームというのは、シートノックから落ち着いているな」

札幌円山球場で行われた札幌国際情報高等学校との初戦。先発の堺が7回まで8四死球とコントロールに苦しみながらも2失点でまとめ、8回からは金澤がパーフェクトに抑えた。守備陣もエラーなし。試合こそ1―2で惜敗したものの、別海のストロングポイントであるセンターラインが安定していることを、改めて北海道に印象付けた。

そのなかで島影が成長著しいと目を細めていたのが金澤である。春は3試合を投げ1失点だった右腕をこのように評していた。

「タイプ的に決して球威があるわけではないんですけど、その分、ストレートと変化球を低め、低めに丁寧に投げる持ち味をしっかり出してくれました。本人も夏に向けて『このピッチングで抑えられるんだ』と手応えを掴んだでしょうし、秋から大きく進んでくれたと思います」

ディフェンス面では大きな収穫を得られた一方で、課題を残したのが攻撃だった。

千田、影山、鎌田とバントや進塁打といった小技や足を絡めた攻撃を得意とする選手は、変わらぬ信頼感で役割を発揮してくれたなか、切り込み隊長である1番バッターの波岡やポイントゲッターである中軸の立藏、中道、堺の3人が不発に終わった。特に中道は、大会期間中に「ポンポン、フライを上げるんじゃない。秋とは違って飛ばなくなったんだからな」と監督から尻を叩かれ続けていた。

秋と春の大きな違い。それは、島影の檄にもあるようにバットが変わったことだった。

それまでよりバットの最大直径が67ミリから64ミリ未満、打球が当たる箇所の肉厚が約3ミリから約4ミリ以上となったことで、打球の初速は3・5％ほど、反発係数も5～9％減少。最大飛距離も5メートルは短くなると試算されている。つまり「飛ばなくなった」わけだ。

前年秋の全道大会でサヨナラホームランを打ったように、中道のセールスポイントは長打力である。島影自身、そこには期待はしているものの「こだわるな」と言いたかったのだ。

「うちは秋から〝カチンコチン打線〟と言ってきているように、もともと長打を望んじゃいけないチームなんです。ましてや、春から飛ばないバットになったわけですから、もう1回、低くて速い打球をチームで徹底して、単打で繋ぐ野球をしていかないと。波岡、立藏、中道、堺がそれをできれば、打線も機能すると思っていますんで」

収穫と課題がはっきりと出た、実りの春。

彼らの耳には、すでに夏の足音がはっきりと聞こえていた。

「春に実感しました。彼らはちゃんと成長してるんだなって。やっぱり、甲子園の経験は大きいんです。だからこそ、必ず戻らないといけないですね」

別海町をひっくり返した男が、決意を新たに歩み出す。

今度は日本をひっくり返すために。

甲子園に清々しい緑の風を巻き起こしたチームは、青臭く、泥臭く。

エピローグ

夏のおわり

中道航太郎には忘れられない一打がある。

選抜での創志学園戦。6回、2アウト一、三塁と得点のチャンスで初球を振り抜いた中道のゴロが三塁線を鋭く襲ったが、数メートルの差でファウルとなった。その後、サードゴロでファーストベースへヘッドスライディングをするという、チームで禁止されているプレーを無自覚にやってしまったのは、直前のファウルも少なからず関係していた。

「あの打球がフェアじゃなくてファウルになってしまったということが、『なにかが足りない な』と考えてしまって。技術が足りないこともあるんですけど、それ以上になんかあるのかなって。野球の神様がどこで見ているかわからないし、私生活もしっかりやっていかないと、それが本チャンの夏にギリギリの1点とかに繋がっていくというか。野球ってチームスポーツだし、自分の日頃の行いのせいで負けるのは絶対に嫌なんで」

春に逃した数メートルは夏には数センチ、あるいは数ミリの差となって勝敗を分けるかもしれない――だからこそ我慢なのだと、春に中道は覚悟を決めていた。キャプテンであるため、監督の島影隆啓からはチームの〝怒られ役〟のように厳しく当たられることもある。本当なら ば監督から目を逸らし、下を向きたいところ、中道は顔を上げていた。

夏の大勝負。甲子園への第一歩である釧根支部予選での別海には、格が備わっていた。

釧路商・厚岸翔洋・弟子屈・霧多布・羅臼の連合チームとの初戦。2回、1アウト二塁から中道の左中間への先制スリーベースヒットが狼煙となって打線が繋がり、10―0の6回コールドで勝利と幸先の良いスタートを切った。

根室との代表決定戦でも打線は活発だった。1回に3点を先制すると4回まで毎回得点を挙げ、8―1で迎えた6回裏には4番バッターの立藏諄介から堺暖貴、影山航大とヒットが続き、最後は中道のレフトフェンス直撃のスリーベースで試合を決めた。11―1。2試合連続のコールド勝ちという圧倒的強さで、別海は北北海道大会に進出したのである。

釧根地区をはじめ空知地区、旭川地区、名寄地区、北見地区、十勝地区と各支部予選を勝ち抜いた16チームによって覇権を争う北北海道大会は、別海にとって3年ぶりの出場となる。同大会でまだ勝利を得ていないが、そもそもチームが目指すのは甲子園である。目先の1勝にこだわるような消極性は皆無である。

7月5日の組み合わせ抽選会を前に、島影は頼もしく宣言していた。

「優勝しないと意味がないので。1回戦から強豪と当たって勝って、勢いをつけたいです！」

別海の初戦の相手は白樺学園に決まった。

春は十勝支部予選で敗退し全道大会には出られなかったが、夏は3度の甲子園出場経験のある北北海道では強豪に位置するチームである。しかも、島影いわくこの時期には伝統のバッティングをしっかりと仕上げてくることでも有名で、相手からすれば警戒すべき難敵でもあった。

7月14日、決戦の日が訪れる。

舞台は旭川スタルヒン球場。入り口にはワインドアップモーションで悠然と構えるヴィクトル・スタルヒンの銅像が立っている。ロシアから亡命して旭川で育ち、読売ジャイアンツの前身である東京巨人軍などで活躍。日本プロ野球史上初の３００勝を記録した名投手だ。１９８４年に旭川市営球場の老朽化に伴い建設され、スタルヒンの生前の功績を称えて日本で初めて人名を冠した球場となった。北北海道大会のメイン会場としても定着しており、球児にとって「聖地」とも呼べるスタジアムである。

この聖地でまっさらなマウンドに立つのは、背番号「10」の金澤悠庵である。

監督の島影から春に最も成長を遂げた選手に挙げられた右腕は、内角と外角へ丁寧に投げ分けられるコントロールと安定したメンタルを評価されての大役となる。それは、同時に「夏は堺だけじゃ勝てない」と常々口にしていた島影の、「勝ち抜く」という意思表示でもあった。

ただ、少しだけ違和感があった。

試合前の金澤の表情が固い。いや、彼だけではない。初戦の緊張感もあるのだろうが、笑顔を見せる選手がいてもどこか引きつっているような印象を受けた。

それは、監督の島影も感じていたことだった。

「雰囲気って言うんですかね？　僕の目にはいつもと選手たちが違うように映ったんです。試合なんで緊張するのは当たり前なんですけど、今までにないような固さを感じました。気持ちは上がっていたと思うんですけど、やっぱり、夏はそれまでの大会とは違うんでしょうね」

主導権が目の前ですり抜けようとしていたのも、あるいはその「固さ」のせいだったのかもしれない。1回裏。トップバッターの波岡昊輝がセンター前ヒットで出塁する。1アウトから千田涼太と立藏の連続ヒットで満塁のチャンスを作ったが、そこから堺がライトフライ、影山も鋭い打球を飛ばしたがレフトの正面と無得点に終わった。2回もあっさりと3者凡退に終わってしまうわけだが、三振に打ち取られた寺澤佑翔が自身の緊張感をこう語っていた。

「試合が始まったときは緊張で思うように体が動かなくて、最初の打席で三振したあとに『これじゃダメだ』と自分に言い聞かせて、気持ちを切り替え、入れ直しました」

そんなチームを変えるために、島影は自分からゲームを動かした。プラン通りの采配だったとはいえ、先発の金澤を2回1失点で降板させたのである。

「ゲームは作ってくれたと思います。最初から打者一巡を目処に考えていたなかで、徐々に相手バッターのタイミングが合ってきていると感じていましたし、そこはキャッチャーの中道と相談しながら継投のタイミングを図っていました」

3回からマウンドに立つ堺は、春先の課題と向き合い夏を迎えていた。選抜まではナチュラルにシュートするストレートに横に大きく曲がるスライダーと、横幅のゾーンで勝負するタイプだった。ただ、それだとバットに当てられる確率が高く、本来なら打ち取った打球である、内野と外野の間に落ちるポテンヒットになることも多かった。そのため、内角高めの胸元へ投げ込み「インコースでも攻めてくる」と意識づけさせ、外角低めのスライダーで打ち取るといった高低差を使ったピッチングも、副部長兼コーチの小山暢彦と相談しながら再構築していった。

「春の支部とか全道あたりから制球面をずっとテーマにしてやってきて。中道のミットを信じて投げ込むことができたので、そこは安定していたというか課題は克服できたのかなと」

マウンドに上がった3回に1アウト一、二塁のピンチを招きながらも最後はセカンドへのダブルプレーで切り抜けたように、打たせて取ることへの手応えはあった。

その堺が悔やむのは「粘り切れなかった」ことである。

4回を三者凡退で抑え、勢いに乗ろうとしていた5回だった。ファーストの立藏のエラーで出塁を許すと、1アウト三塁からヒットで1点。そこからさらにフォアボールと2本のヒットを与えてしまい、この回に4点を失った。堺は不甲斐なさを飲み込み、言葉を吐いた。

「自分がもっと踏ん張らなければいけない場面でそれができなかったっていうところは悔しか

ったんですけど、できることはできたのかなと思います」

夏の終わりが、近づいてくる。

東から昇ってきた太陽が西へ沈もうとしている。じりじりとした暑さも少しずつやわらぎ、生命力を発揮していた蝉のけたたましい鳴き声も静まろうとしていた。

堺は7回にも1アウトから4連打を許して3点を奪われていた。スコアは0―8。別海はこの裏に2点以上を返さなければコールドゲームとなる。

1アウトから影山がレフト前ヒットで出塁する。ここで打席に立つ中道が、念じる。

繋ぐ、繋ぐ、繋ぐ――。

見逃せばボール球。そんな低めのコースにバットを出し、ボールまで届く。

最後の最後で〝数センチ〟が実る。

ボールに食らいつき当てたゴロが、レフト前へ到達しようとしていた。一塁ベースへ走り出そうとした中道が転倒しそうになる。そこを下半身でぐっとこらえ、土を蹴った。

甲子園が決まる打席でなければ、勝利に結びつくひと振りでもない。

かつて問題児と呼ばれた男はキャプテンとなり、監督から突き放されても歯を食いしばり、チームを引っ張った。それが、報われた瞬間でもあった。

「コールド負けだけはしないようにと、繋ぐことしか考えていませんでした。やることはやれたと思うんで、よかったです」

中道は、最後の瞬間をセカンドベース上で見届けた。9番バッター・橋本流星の代打として打席に立った安達伶音の打球がファーストに上がると、ただ「終わったんだな……」としか思えなかった。

0―8。別海の夏が、幕を閉じた。

三塁側のスタンドから、温かな緑の風が吹く。

別海野球部のOBもいたが、その大半が現役世代の親たちである。スコアという結果では決して表し切ることのできない〝やりきった〟選手に拍手が降り注ぐ。

「ありがとう！」

親からの言葉に3年生が崩れ落ちる。波岡や立藏、安達ら試合に出た2年生も泣きじゃくっていた。寺澤が嗚咽を漏らしながら、情景をその目に記憶する。

「試合が終わった瞬間は、負けたっていう現実が本当に悔しくて。最後、スタンドに挨拶したときにお父さん、お母さんが……『ありがとう』って言ってくれて。勝てなくて、申し訳ない気持ちが一番なんですけど、最高の友と出会えたこと、監督、コーチに本当にお世話になったこととか、今までやってきたことを全部思い出してきて……」

強烈な失意。悔しさや不甲斐なさはある。だが、それ以上に試合後の選手たちを満たしていたのは、きっと喜びである。

寺澤は「友」と言った。彼と同じように仲間たちもそこを強調していた。

目を真っ赤に腫らしながら、中道は自らを誇るように最後まで顔を上げていた。

「この仲間と指導者の方々と2年半、野球をすることができて本当に嬉しかったっていう気持ちが込み上げてきていますし、そのチームでキャプテンをやらせてもらえてよかったです」

鼻をすすりながら涙をこらえていた堺は、充実の歩みを声にした。

「今まで一生懸命に練習してきた仲間と『最後まで自分たちの野球を貫こう』と想いを共有してやってきたなかで、今日の試合でもバックを信じて腕を振って投げることができました」

友と歩んだ3年間。

21世紀枠で選抜に出場したが、納得はしていなかった。

「春は選ばれて行かせてもらったけど、夏は勝って行こう」と結束して臨んだ夏。別海の力はしかし、甲子園まで届かなかった。

それでも、彼らは紛れもなく別海野球部に大きな歴史を刻んだ。監督は最大限の賛辞をもって、チームの功績を言葉にしていた。

「選手たちには最高の1年を過ごさせてもらいました。別海のような田舎の公立校は全道大会に出ること自体が難しいなか、3季連続で出場してくれた。ましてや、周りから『絶対に無理だ』と言われ続けてきた甲子園にも連れて行ってくれた。これは本当にすごいことなんです。今日は結果として情けない負け方だったかもしれませんけど、選手には感謝しかありません」

敗軍の将は、潔く。

試合後の囲み取材で報道陣にはきはきと受け答えしていた島影も、最後の挨拶で保護者や関係者の前に立つと感情を抑えきれなくなった。

「選手たちはよくやってくれました。頑張りました！　褒めてやってやってください」

そう力強く言葉を結んでいたが、次第に声が震えてくる。

「『また、夏にみんなで（甲子園に）戻ってきましょう』と約束したんですけど……本当に、すみませんでした。でも、やれることはやりました。選手を褒めてやってやってください」

監督の心の波に、一度は涙を抑えたはずの3年生も突き動かされる。目の前で拍手を贈る親の元へ歩み寄り、抱き合い、感謝を綴る。

そして、北北海道の聖地をあとにする頃、彼らはいつもの笑顔を取り戻していた。

島影の表情も少し晴れやかになっていた。

「いやぁ、本当にお恥ずかしい試合を見せてしまいすみませんでした」

軽快な調子はそれまでの島影に戻りつつあることを意味していた。本音では「恥ずかしい」と思っているわけがない。ただ、そうでも口にしないと前には進めないのだと、自らを鼓舞しているようでもあった。

「やっぱり夏は甘くないですね。また、勉強させてもらいました」

現実の厳しさを噛みしめるように言った。そして、チームとは別に自家用車でスタルヒン球場まで来ていた島影も、再始動を果たすためハンドルを握り、別海町へ帰っていった。

無名だった者たちが紡いだ、開拓の物語。

「甲子園なんて絶対に行けるわけがない」

嘲笑されるように否定しかされなかった監督は、厳しさと情熱をもって田舎の青年たちを叩き上げ、町をひっくり返した。「別海町」という地名すら知らなかった多くの人間に、その存在を知らしめたのである。

日本のいたるところに夢の芽が息づいている。

電車で隣に座っている高校生は野球部かな。

自転車ですれ違った子はきっと、高校球児だろうな。

彼らの名前どころか、どんな高校に通っているのかさえわからない。

そんなすべての高校生が、甲子園という可能性を秘めている。

別海野球部が、そのことを教えてくれた。

だからこそ、高校野球は面白い。

別海高校公式戦成績

2016年～2024年

2017
（平成29年）

■ 春季北海道高等学校野球大会

2017年5月14日
釧根支部予選 Bブロック（1回戦）

別　海	100	001	0	2
釧路明輝	220	052	×	11

7回コールド

■ 選手権大会北北海道大会

2017年6月29日
釧根支部予選 Aブロック（準決勝）

別　海	345	00	12
阿東商	000	00	0

5回コールド
※阿東商は阿寒・釧路東・釧路商による連合チーム

2017年7月2日
釧根支部予選 Aブロック（決勝）

武修館	202	032	0	9
別　海	001	000	0	1

7回コールド

■ 秋季北海道高等学校野球大会

2017年9月13日
釧根支部予選 Aブロック（1回戦）

釧路北陽	000	300	0	3
別　海	200	503	×	10

7回コールド

2017年9月15日
釧根支部予選 Aブロック（2回戦）

弟子屈	001	000	1
別　海	231	302×	11

6回コールド

2017年9月17日
釧根支部予選 Aブロック（決勝）

釧路明輝	000	000	000	1	1
別　海	000	000	000	0	0

延長10回

2016
（平成28年）

■ 春季北海道高等学校野球大会

2016年5月16日
釧根支部予選 Aブロック（1回戦）

釧路明輝	020	124	2	11
別　海	000	010	0	1

7回コールド

■ 選手権大会北北海道大会

2016年6月30日
釧根支部予選 Cブロック（1回戦）

阿標羅	002	041	000	7
別　海	100	010	400	6

※阿標羅は阿寒・標茶・羅臼による連合チーム

■ 秋季北海道高等学校野球大会

2016年9月16日
釧根支部予選 Aブロック（準決勝）

別　海	100	010	00	2
中標津	100	410	21×	9

8回コールド

2019
（令和元年）

■ 春季北海道高等学校野球大会

2019年5月15日
釧根支部予選（1回戦）

別　海	000	030	000	3
中標津	102	202	10×	8

■ 選手権大会北北海道大会

2019年6月26日
釧根支部予選 Bブロック（2回戦）

釧路工業	312	120	0	9
別　海	000	000	0	0

7回コールド

■ 秋季北海道高等学校野球大会

2019年9月10日
釧根支部予選 Aブロック（1回戦）

別　海	100	001	010	3
釧路湖陵	000	020	000	2

2019年9月12日
釧根支部予選 Aブロック（準決勝）

別　海	001	000	100	2
釧路北陽	000	000	000	0

2019年9月14日
釧根支部予選 Aブロック（決勝）

別　海	000	003	002	5
釧根連合	000	100	100	2

※釧根連合は釧路明輝・白糠・弟子屈・阿寒・根室・標津

2019年10月9日
全道大会（2回戦）

別　海	000	000	00	0
東海札幌	000	010	06×	7

8回コールド

2018
（平成30年）

■ 春季北海道高等学校野球大会

2018年5月16日
釧根支部予選（1回戦）

釧路湖陵	300	000	010	4
別　海	000	010	002	3

■ 選手権大会北北海道大会

2018年6月28日
釧根支部予選 Aブロック（準決勝）

別　海	000	201	000	2	5
中標津	100	002	000	0	3

延長10回

2018年7月2日
釧根支部予選 Aブロック（決勝）

釧路明輝	713	003	14
別　海	000	020	2

6回コールド

■ 秋季北海道高等学校野球大会

2018年9月13日
釧根支部予選 Aブロック（準決勝）

別　海	000	010	01	2
中標津	140	001	03×	9

8回コールド

2021
（令和3年）

■ 春季北海道高等学校野球大会

2021年5月12日
釧根支部予選（1回戦）

羅　　臼　０００　００｜０
別　　海　４４２　11×｜21

５回コールド

2021年5月13日
釧根支部予選（2回戦）

中 標 津　１００　０３０　００｜４
別　　海　１２０　５０２　０1×｜11

８回コールド

2021年5月15日
釧根支部予選（準決勝）

釧路工業　０００　１０１　０００　０２｜４
別　　海　０００　０１１　０００　００｜２

延長11回

■ 選手権大会北北海道大会

2021年6月30日
釧根支部予選 Bブロック（1回戦）

釧路連合　０００　０００｜０
別　　海　６２０　１０1×｜10

６回コールド
※釧路連合は釧路商・白糠・標茶・弟子屈・阿寒

2021年7月3日
釧根支部予選 Bブロック（決勝）

釧路江南　０３０　０１０　０００｜４
別　　海　２００　２００　２０×｜６

2021年7月16日
北北海道大会（1回戦）

稚内大谷　１１２　１１１　１２｜10
別　　海　２００　０００　０１｜３

８回コールド

■ 秋季北海道高等学校野球大会

2021年9月8日
釧根支部予選（2回戦）

釧路工業　２００　０１０　０２０｜５
別　　海　００１　０００　００１｜２

2020
（令和2年）

■ 選手権大会北北海道大会

2020年7月19日
釧根支部予選 Bブロック（準決勝）

釧路北陽　０１０　０００　１００｜２
別　　海　０００　０１０　０００｜１

■ 秋季北海道高等学校野球大会

2020年9月10日
釧根支部予選 Bブロック（準決勝）

別　　海　０００　００｜０
武 修 館　３５６　４×｜18

５回コールド

※春季北海道高等学校野球大会は新型コロナウィルス感染拡大のため中止

2022
（令和4年）

■ 選手権大会北北海道大会

2022年6月29日
釧根支部予選 Bブロック（2回戦）

厚岸翔洋	0 0 0	0 0		0
別　　海	6 8 8	2 ×		24

5回コールド

2022年7月2日
釧根支部予選 Bブロック（決勝）

別　　海	0 0 0	0 0 0	0 0 0	0
釧路北陽	0 1 0	0 0 0	1 0 ×	2

■ 秋季北海道高等学校野球大会

2022年9月14日
釧根支部予選（2回戦）

別　　海	0 0 0	2 0 1	0 1 0	4
釧路湖陵	2 1 1	0 3 0	0 1 ×	8

■ 春季北海道高等学校野球大会

2022年5月13日
釧根支部予選（2回戦）

釧路江南	0 0 0	1 2 0	0 0	3
別　　海	3 0 0	1 0 2	2 2×	10

8回コールド

2022年5月15日
釧根支部予選（準決勝）

武 修 館	1 0 0	0 0 0	0 0 1	2
別　　海	0 1 2	0 0 0	0 0 ×	3

2022年5月16日
釧根支部予選（決勝）

別　　海	0 0 0	0 0	0
釧路工業	3 3 0	4 ×	10

5回コールド

2023
（令和５年）

■ 秋季北海道高等学校野球大会

2023年9月25日
釧根支部予選（2回戦）

釧路明輝	000	000	020	2
別　　海	411	000	00×	6

2023年9月30日
釧根支部予選（準決勝）

釧路工業	000	000	100	1
別　　海	000	006	00×	6

2023年10月1日
釧根支部予選（決勝）

釧路江南	100	000	000	1
別　　海	100	220	00×	5

2023年10月19日
全道大会（2回戦）

苫 中 央	000	010	011	3
別　　海	010	000	012×	4

2023年10月22日
全道大会（3回戦）

別　　海	100	000	000	3	4
知　　内	000	001	000	2	3

延長10回タイブレーク

2023年10月25日
全道大会（準決勝）

別　　海	000	000	010	1
北　　海	200	000	04×	6

■ 春季北海道高等学校野球大会

2023年5月9日
釧根支部予選（1回戦）

釧路高専	000	000	2	2
別　　海	021	041	1×	9

７回コールド

2023年5月10日
釧根支部予選（2回戦）

別　　海	000	000	000	0
釧路湖陵	000	001	00×	1

■ 選手権大会北北海道大会

2023年6月25日
釧根支部予選 Aブロック（2回戦）

※対戦相手の標茶の選手に負傷者が出て試合続行不可能となったため、９－０で別海の勝利

2023年7月1日
釧根支部予選 Aブロック（決勝）

釧路工業	002	111	010	6
別　　海	002	010	000	3

2024
（令和６年）

■ 選手権大会北北海道大会

2024年6月23日
釧根支部予選 Bブロック（1回戦）

釧路連合	0 0 0	0 0 0		0
別　　海	0 2 2	5 0 1×		10

６回コールド
※釧路連合は釧路商・厚岸翔洋・弟子屈・霧多布・羅臼

2024年6月29日
釧根支部予選 Bブロック（決勝）

根　　室	0 0 0	0 1 0		1
別　　海	3 2 2	1 0 3×		11

６回コールド

2024年7月14日
北北海道大会（1回戦）

白樺学園	0 1 0	0 4 0	3	8
別　　海	0 0 0	0 0 0	0	0

７回コールド

■ 選抜高等学校野球大会

2024年3月20日
甲子園（1回戦）

創志学園	0 0 0	1 3 0	2 1 0	7
別　　海	0 0 0	0 0 0	0 0 0	0

■ 春季北海道高等学校野球大会

2024年5月8日
釧根支部予選（2回戦）

別　　海	0 0 5	0 1 0	0 3 1	10
釧路湖陵	2 1 0	1 0 1	1 0 0	6

2024年5月11日
釧根支部予選（準決勝）

武 修 館	0 0 0	0 0 0	0	0
別　　海	2 0 4	0 0 0	1×	7

７回コールド

2024年5月12日
釧根支部予選（決勝）

別　　海	0 0 1	0 0 0	0 0 0	1
釧路江南	0 0 0	0 0 0	0 0 0	0

2024年5月22日
全道大会（1回戦）

国際情報	0 0 0	0 0 1	1 0 0	2
別　　海	0 0 0	0 0 0	1 0 0	1

参考文献

[書 籍]
荒川弘著『百姓貴族』(新書館 2009- 年)
荒川弘著『銀の匙　Silver Spoon』(小学館 2011-2020 年)
中村計著『勝ち過ぎた監督 駒大苫小牧 幻の三連覇』(集英社 2016 年)

[雑 誌]
報知高校野球(報知新聞社)
サンデー毎日増刊(毎日新聞出版)
週刊ベースボール別冊(ベースボール・マガジン社)
輝け甲子園の星(ミライカナイ)

[新 聞]
毎日新聞、朝日新聞、読売新聞、北海道新聞、釧路新聞、神戸新聞、
日本農業新聞、日刊スポーツ、スポーツ報知、スポーツニッポン、
サンケイスポーツ、中日スポーツ、東京スポーツ

[その他]
別海町農業・農村をめぐる情勢(別海町農政課)

【白球フロンティア】

初刷 —— 二〇二四年一〇月二九日

著者 —— 田口元義

発行者 —— 斉藤隆幸

発行所 —— エイチエス株式会社　HS Co., LTD.

064-0822

札幌市中央区北2条西20丁目1-12佐々木ビル

phone : 011.792.7130　fax : 011.613.3700

e-mail : info@hs-prj.jp　URL : www.hs-prj.jp

印刷・製本 —— モリモト印刷株式会社

ISBN978-4-910595-12-2